ENTRE LES LIGNES
LITTÉRATURES SUD

Collection dirigée par
Christiane Chaulet Achour et Jean-Baptiste Dufour

L'aîné des orphelins

DANS LA MÊME COLLECTION

Aimé Césaire, *Une tempête*, d'après la Tempête de Shakespeare adaptation pour un théâtre nègre. Étude critique par Huguette Emmanuel Bellemare. 2013.

Frantz Fanon, *Peau noire, masques blancs*. Étude critique par Christiane Chaulet Achour. 2013.

Ahmadou Kourouma, *Les Soleils des indépendances*. Étude critique par Jean Ouédraogo et Saidou Alcény Barry. 2013.

Jean-Joseph Rabearivelo, *Presque-Songes*. Étude critique par Charles-Édouard Saint Guilhem. 2013.

Aimé Césaire, *Une saison au Congo*. Étude critique par Dominique Traoré Klognimban. 2013.

Daniel Maximin, *L'Isolé Soleil*. Étude critique par Cyrille François. 2013.

Mouloud Mammeri, *L'opium et le bâton*. Étude critique par Hervé Sanson. 2013.

Ahmadou Kourouma, *Allah n'est pas obligé*. Étude critique par Sélom Gbanou. 2013.

Assia Djebar, *Les Alouettes naïves*. Étude critique par Diana Labontu-Astier. 2014.

Tierno Monénembo, *L'aîné des orphelins*. Étude critique par Amina Bekkat. 2014.

Wajdi Mouawad, *Incendies*. Étude critique par Françoise Coissard. 2014.

Azouz Begag, *Le Gone du Chaâba*. Étude critique par Pierre-Louis Fort. 2014.

Amina Bekkat

TIERNO MONÉNEMBO

L'aîné des orphelins

LITTÉRATURES
ENTRE LES LIGNES
SUD

HONORÉ CHAMPION
PARIS — 2014

Conception graphique de la couverture :
Francine Heral

ISBN: 978-2-7453-2734-5

2000...

Cette année-là, Tierno Monenembo, écrivain guinéen, arrivé en France en 1973, publie un roman intitulé *L'Aîné des orphelins*. Ce titre un peu énigmatique et en même temps assez « accrocheur » recouvre une réalité terrible à affronter et à mettre en mots : les massacres du Rwanda qui ont causé la mort de près de 1 million de personnes dans ce pays appelé si joliment le pays des mille collines. Monenembo participait à l'opération *Ecrire par devoir de mémoire*, conçue par l'Association Arts et médias d'Afrique et soutenue par la Fondation de France. Pendant deux mois, l'écrivain a séjourné à Kigali avec neuf autres romanciers et créateurs pour témoigner des ravages causés aux populations, victimes vulnérables et innocentes du génocide. Ce roman a été considéré comme l'un des plus réussis de l'opération. Sans doute, l'auteur se sent-il personnellement impliqué dans l'histoire de ce petit pays, le Rwanda, comme il se sent concerné par le présent et l'actualité de l'Afrique.

Monenembo a dû quitter la Guinée en 1969 pour échapper à la répression d'un pouvoir dictatorial et depuis il a vécu en exil. Mais, comme il le dit lui-même, on ne peut être Africain aujourd'hui sans avoir le nez et les pieds dans l'histoire immédiate. Et il ajoute : « Si les Africains font de la littérature c'est d'abord et avant tout pour se dégager des démons de l'histoire et surtout en effet de l'histoire immédiate » (Lebdai, 2007 ; 247). Cet intérêt constant pour l'Histoire n'a cessé de s'affirmer dans ses œuvres depuis le début de sa production. Mais en bon romancier, il la dépeint à travers des personnages anonymes broyés par un destin impitoyable. L'écrivain dit de l'Histoire ce que l'historien ne dit pas. Ce vieux débat qui tente de légitimer la production romanesque, Monenembo y prend part avec ses œuvres de fiction qui mettent en scène une réalité souvent insoutenable qui nous est rendue par les menus faits de vies « ordinaires », réduite comme disait Senghor, *à hauteur d'homme*, dans le déroulement quotidien d'une existence anonyme. *Les Crapauds-brousse* (1979*), Les écailles du ciel* (1986), *Un rêve utile* (1991), *Pelourinho* (1995) témoignent de l'histoire du continent à partir de vies anonymes. Après les massacres du Rwanda, Monenembo s'est intéressé au *Roi de Kahel* (2008), le Français Olivier de Sanderval qui a créé un empire en Afrique et à Addi Ba, *Le terroriste noir* (2012). Mais ce désir de raconter du côté des petites gens ne signifie pas désinvolture ou négligence. L'auteur prend grand soin de se documenter et, comme il le dit lui-même dans de nombreuses interviews, il porte ses romans, il les vit, il est habité par eux avant de les transcrire sur une feuille blanche. Pour mieux se faire comprendre l'écrivain guinéen prend deux exemples très connus : Marcel Proust qui pour de nombreux lecteurs est le peintre de l'intime, des sentiments les plus subtils qui agitent le cœur, est aussi un témoin fidèle de l'histoire de son temps dont il raconte les faits les plus importants. Et William Faulkner s'il nous dépeint le bruit et la fureur de la guerre de Sécession, le fait dans les sentiments qui bouleversent un homme. Il faut créer un lien entre les faits collectifs et l'individu de sorte que le fracas du monde nous parvienne dans les mouvements du cœur. Dans le livre que nous présentons, Faustin Nsenghimana, jeune adolescent de 15 ans condamné à mort, attend son exécution. Et c'est petit à petit que le lecteur va connaître son destin tragique. Les dernières pages du livre nous révèleront le massacre de Nyamata : 15000 personnes, en majorité tutsies, enfermées dans l'église dans laquelle elles croyaient trouver refuge, ont été tuées à coups de machettes par des Hutus, froidement déterminés. Parmi les morts, les parents de Faustin et nous passons ainsi de la réalité à la fiction. La mère est Tutsie, mais le père Hutu n'a pas voulu abandonner sa femme et son fils. Il reste et il succombe avec elle. Faustin survit miraculeusement mais il dissimule désormais avec une casquette qui ne le quitte pas, les cicatrices sur sa tête, séquelles des coups portés avec une machette. C'est tout ce que l'on saura des blessures de Faustin car le texte est pudique et évite tout déploiement excessif de pathos. Malgré cette économie de mots et de descriptions sanguinolentes, le roman porte et le lecteur garde longtemps à l'esprit ces longues processions de gens qui tentent de s'échapper dans un silence sacré comme aux temps premiers de l'humanité, fuyant une menace palpable, de ces groupes d'enfants se débrouillant comme ils peuvent aux abords des hôtels, de ces petits hurlant leur terreur et réduits à l'état d'animaux. Ces descriptions d'une humanité en péril qui s'accroche à la vie, touchent d'autant plus le lecteur que les personnages concernés sont des enfants, fragiles et cependant opiniâtres et courageux. Et Faustin qui a survécu miraculeusement au massacre de Nyamata sera rattrapé par les tribunaux qui se sont constitués après le génocide comme si, enfin, la mort qu'il attendait et appelait parfois le guettait là comme dans le conte, *La mort à Samarcande*. Est-ce une manière de dire qu'on ne peut fuir son destin ou que cet itinéraire de mort, depuis les premières pages qui annoncent l'exécution prochaine jusqu'aux dernières qui relatent la tuerie dans l'église, est inéluctable comme dans un maelström de douleurs ?... Et pourtant ce livre n'est jamais désespéré, on y trouve beaucoup de retenue et beaucoup de dérision qui se manifeste surtout à l'égard des Européens. Les derniers mots du livre, prononcés par la vieille femme : « Y a toujours de la vie qui reste, même quand le diable est passé ! », témoignent de cette foi en la vie qui persiste malgré tout...

Et si nous commencions notre lecture...

NB – Les citations de l'œuvre étudiée, *L'aîné des orphelins* de Tierno Monénembo, sont suivies de la page dans l'édition du Seuil, collections Points (mai 2000). Pour les autres références, elles sont réduites à l'essentiel à la suite de la citation en texte : nom de l'auteur, date de publication, numéro de page. Ces informations sont suffisantes pour retrouver la référence complète en bibliographie.

CHAPITRE I

PARCOURS DE L'ÉCRIVAIN, CONTEXTE D'ÉCRITURE, CONTEXTE DE LA FICTION

Tierno Monénembo

De son vrai nom Thierno Saidou Diallo, il est né en juillet 1947 à Porédaka en Guinée. Il voulait devenir professeur de biochimie. Il prit ce pseudonyme pour rendre hommage à sa grand-mère qui le recueillit après le divorce de ses parents. En se désignant comme le fils de Néné m'bo, il créera le nom de Monénembo : « Il y a eu une espèce de transgression parentale parce que, quand j'avais quatre ou cinq ans, mes parents ont divorcé et on a confié mon éducation à ma grand-mère paternelle que j'ai appelé Néné Mbo. Néné en peul ça veut dire Maman, Mbo ne veut rien dire, c'est du langage d'enfant. Quand j'ai écrit mon premier roman, je l'ai publié sous le nom de Monénembo, "fils de Nénembo", faisant de ma grand-mère ma mère » confie-t-il volontiers.

C'est à elle qu'il dédiera son premier roman et aussi à sa patrie, la Guinée. Ses premiers romans, *Les Crapauds-brousse* (1979) et *les Ecailles du ciel* (1986) sont des romans contemporains mais écrits « sous l'aune de la sagesse des anciens » comme l'auteur l'avoue lui-même. Il tente tout d'abord, comme beaucoup d'Africains nouvellement diplômés, de contribuer au développement du pays. Mais il sera brisé par la mauvaise gestion et pour fuir la dictature de Sekou Touré il a parcouru à pied 150 km pour rejoindre le Sénégal. C'est ensuite Abidjan, l'Algérie, le Maroc, Lyon, l'errance est au cœur de la vie de ce Peul. Et comme l'auteur le confesse volontiers, le Président Sekou Touré qui croyait lui faire du mal, lui aura rendu son bien le plus précieux : son éternelle errance (Mongo M'Boussa, 2005 : 118). Entre les deux premiers romans six ans s'écoulent, le temps d'assister aux dérives des indépendances et aux déceptions nées de ces échecs et de comprendre que « la politique n'est qu'une fumisterie et que l'avenir se trouve dans le roman » (Mongo M'boussa : 2005 : 120). Il décide alors, en 1990, de se consacrer à l'écriture malgré les aléas du quotidien. En 1991 paraît *Un rêve utile* qui a pour décor la ville de Lyon. *Pelourinho* est de l'aveu de l'auteur son roman préféré. Il paraît en 1995 et a pour cadre le Brésil où l'on retrouve si intensément l'Afrique. *Cinéma* (1997) est le sixième roman de l'auteur. Texte en partie autobiographique qui raconte la désillusion d'une génération. *L'aîné des orphelins* paraît en 2000 et sera l'objet de notre étude. Puis ce sera *Peuls* (2004) qui raconte l'épopée de ce peuple « énigmatique fleuve blanc au pays des eaux noires, fleuve noir au pays des eaux blanches » selon le proverbe bambara. *Le roi de Kahel* (2008) retrace la destinée étrange d'Olivier de Sanderval qui nourrissait une obsession : créer un royaume au pays des Peuls. Cette envie lui était venue alors qu'il n'était qu'en enfant. Il voulait faire rayonner le génie de la France. C'était compter sans le code de conduite des Peuls, le Poulakou bien énigmatique pour un étranger. Il réussit pourtant dans son entreprise après bien des déboires et paradoxalement c'est la pénétration française qui met fin à son rêve. Le dernier roman, paru en 2012, s'intitule de façon un peu étonnante, *Le Terroriste noir*. Il est dédié à « ces frères obscurs que personne ne nomme » selon les mots de Senghor inscrits en épigraphe : les tirailleurs sénégalais. Un jour dans un village français qui n'avait jamais vu de noir, les Valdenaire découvrent un soldat gisant. Il est blessé. C'est un soldat français, un tirailleur sénégalais. En un mois, les Allemands firent vingt-neuf mille prisonniers nègres sur les soixante mille envoyés au front. Les autres étaient morts ou ils erraient dans les forêts de France, traqués par les Allemands et pas toujours bien vus des Français. » (p.63) Ils étaient parfois dénoncés à la gestapo ou bien servaient de cibles pour des chasses au singe. Armée de fantômes participant à une guerre qui ne les concernait pas, ils furent envoyés au front et souvent persécutés pour la couleur de leur peau. Addi Ba fut l'un d'entre eux. Il créera un réseau de résistants. Surnommé, par les Allemands, *le terroriste noir*, il sera finalement fusillé en 1943 à Epinal. Comme dans tous ses romans, tout en renouvelant son inspiration, Monenembo revient toujours à son pays la Guinée ou à son continent l'Afrique. Il a reçu le Prix Tropiques pour *L'Aîné des Orphelins*, le prix Renaudot pour *Le roi de Kahel* et le Goncourt des lycéens pour *Le Terroriste noir*. En mai 2013, au Salon de Genève, le roman reçoit le prix Ahmadou Kourouma récompensant un ouvrage consacré à l'Afrique noire et dont *l'esprit d'indépendance de lucidité, de clairvoyance* s'inscrit dans le droit fil de l'auteur de *Les soleils des indépendances*. Les destins singuliers comme celui de Olivier de Sanderval, roi de Kahel ou de Addi Bâ, le terroriste noir, le passionnent au plus haut point. Il fait de longues recherches dans les pays concernés ou dans les bibliothèques pour construire ses intrigues. Sur ses langues d'expression, il s'explique volontiers. Le français, qu'il a acquis à l'école et au cours de ses pérégrinations, est sa langue d'écrivain. Mais il a le souci comme beaucoup d'écrivains africains de « ne pas disparaître corps et âme dans la langue française » (Monénembo, 2007 : 246) qui est à l'origine la langue du colonisateur. Il ressent la nécessité de plier sa syntaxe à la syntaxe africaine et son imaginaire à l'imaginaire africain. De plus les Peuls sont nomades et ce mode de vie les a « frottés » aux autres peuples. Il se décrit volontiers comme « Arabe avec les Mauritaniens, Ouolof avec les Sénégalais, Bambara avec les Maliens, Touareg avec les Nigériens, Haoussa avec les Nigérians, bamiléké avec les Camerounais, Soussou avec les Guinéens », sa personnalité se jouant sur une palette d'identités, de cultures et de langues, beaucoup plus large que celle dont use Fragonard ou Miro (Monénembo, 2007 : 250)

Il n'a pas reçu de formation littéraire, puisqu'il est biochimiste de formation. Mais il avoue avoir toujours eu l'arrière pensée d'écrire, l'exil étant un lieu privilégié pour le faire. L'intellectuel se situe alors en marge mais cette position lui permet un regard décalé et sans doute plus objectif. En même temps la souffrance de l'exil exacerbe le souvenir du pays.

Tous les personnages que les différents romans donnent à voir sont pris dans le cercle infernal du même : « Naître, espérer, mourir et recommencer [...] Mourir, espérer, recommencer et naître », dit le Cousin Samba dans *Les Ecailles du ciel*. Dans le registre de l'exil, chaque asile rêvé est un espoir qui, une fois entrevu, malheureusement se dérobe. Quand, dans la cour de récréation, se rappelle encore Tierno Monénembo, je parlais le peul, on me collait sur le cou un gros morceau de bois que l'on appelait « symbole » : j'avais transgressé la bonne règle, car il fallait parler la langue française – la vraie, la seule. Et quand je sortais et que je parlais français dans les rues de mon village, je subissais le fouet de mes ancêtres, parce que je parlais la langue du blanc, du chrétien, du colonisateur – donc j'ai vécu la langue comme un traumatisme (Albert, 1999 : 319). Mais, en devenant adulte, il a pris conscience de cette richesse. « J'ai trouvé dans mon berceau autant de langues que de rêves, ajoute-t-il. Toutes les langues africaines et aussi l'arabe transmis par l'Islam et le français par l'école coloniale. » Le débat linguistique africain est permanent, virulent et parfois mortel. Mais il avoue s'en être lassé « comme de toutes les vieilles lunes des années 60 qui ont masqué un moment le dur soleil d'Afrique. » Et c'est pour cela qu'il s'est tourné vers la littérature « celle qui réunit tous les autres : tous les accents, toutes les rimes, tous les poètes, tous les griots, tous les génies. » Et ces apport multiples qui l'ont façonné, ces langues diverses qui lui ont offert une culture vaste et cosmopolite, tout ce parcours a fait de lui, dit-il, « un sacré privilégié » (Monénembo, 2007 : 252)

C'est dire qu'il a surmonté ce traumatisme linguistique pour trouver un espace d'expression personnel.

Le génocide rwandais de 1994, référence du roman

En 1994, au printemps et au début de l'été, environ 800 000 tutsis (les chiffres varient) ont été massacrés à la machette tous les jours de la semaine de 9h30 à 16 heures par des miliciens et voisins hutus sur les collines de la commune de Nyamata au Rwanda. Ces massacres ont été perpétrés avec détermination sur un signal donné par la radio libre des mille collines, à heures fixes par des bourreaux sans états d'âme, armés de machettes et chargés de la mission de tuer. Bien qu'avec des moyens rudimentaires – essentiellement à la machette – ils s'effectuèrent à une vitesse stupéfiante. L'indignation a été grande et la condamnation unanime. Mais pourquoi a-t-on laissé faire pendant plus d'un mois ces tueries à grande échelle alors que les médias et les chancelleries étaient informés ? Comment en est-on arrivé là ? Les réponses sont encore confuses et, vingt après, on ne peut dire avec précision qui étaient les commanditaires de ces actes barbares. Cet antagonisme entre les deux communautés qui peuplent le pays a été « fabriqué » par les ex-colonisateurs soucieux d'appliquer la vieille règle « diviser pour régner ».

C'est sous le Mwami (roi) Rwabugiri, un Tutsi qui a régné à la fin des années 1800, que les principales caractéristiques du Rwanda moderne ont été déterminées pour la centaine d'années qui a suivi. Chef puissant d'un Etat centralisé, dominé d'abord par les Tutsis jusqu'en 1960 puis pris par les Hutus jusqu'au génocide de 1994, il dirigeait d'une main de fer. Durant la période coloniale sous domination allemande et ensuite belge, les missionnaires catholiques, inspirés par les théories racistes du XIXe siècle ont concocté une idéologie destructrice de clivage ethnique et de hiérarchisation raciale qui attribuait des qualités supérieures à la minorité Tutsie du pays.

Ils estimaient que cette minorité représentant 15% était plus proche des Blancs, contrairement à la majorité Bantou (Hutu). Ces valeurs pernicieuses ont été véhiculées par l'école aux mains des missions catholiques et c'est ainsi que ces prétendues différences sans fondement, puisque c'étaient les professions qui faisaient les différences et non l'origine, se sont répandues et consolidées. Les Belges ont institutionnalisé les clivages entre les deux groupes en délivrant à chaque Rwandais une carte d'identité ethnique. Ce système sera maintenu pendant 60 ans. Mis au point à l'origine pour privilégier les Tutsis, il a permis par une tragique ironie du sort de les faire repérer par les tueurs Hutus pendant les massacres de 1994. Les Tutsis ont profité de cette situation tant que les Belges étaient encore là. Mais à l'indépendance, les conditions de vie des uns et des autres étaient aussi difficiles. Quelques mariages interethniques ont eu lieu. Les Hutus s'en sont pris aux Tutsis soutenus par les Belges et l'église catholique qui, comprenant que le pouvoir était entre leurs mains, ont abandonné leurs anciens protégés. De 1959 à 1967, quelque 20 000 Tutsis ont été tués et 3000 autres ont fui la terreur pour se réfugier dans les pays voisins.

Le gouvernement nouvellement indépendant de Grégoire Kayibanda, considéré comme une dictature raciale de parti unique, déclenche la terreur ethnique dans l'espoir de sauver son régime ; en 1972, épouvantable massacre de la majorité hutu par le gouvernement tutsi. En 1973, Juvénal Habyarimana, chef de l'armée rwandaise, prend le pouvoir. Pendant 15 ans le pays vit une période de relative stabilité et s'ouvre au monde extérieur. Le pays devint le favori des Occidentaux et se développa économiquement. Les Tutsis restaient cependant écartés de l'armée et seulement 10% pouvaient bénéficier de l'école. L'église restait un allié sûr pour le gouvernement. Vers la fin des années 80, une récession économique marquée a mis fin à cette période de trêve. Les institutions financières internationales ont imposé au pays des programmes qui ont accentué l'inflation, la rareté des terres et le chômage. Les jeunes ont été les plus touchés sans espoir d'avenir.

C'est à ce moment particulièrement fragile que les enfants des réfugiés Tutsis qui avaient fui en Ouganda, revinrent le 1er Octobre 1990, constitués en armée rebelle, le Front Patriotique Rwandais (FPR). Le Président considérait que le pays était trop pauvre pour les accueillir et décida donc d'user de moyens plus contraignants et plus radicaux.

L'invasion d'octobre 1990 au Rwanda par le FPR et la réaction du gouvernement ont conduit au génocide. Un front uni de tous les Rwandais contre les envahisseurs de l'extérieur aurait pu changer les choses mais le gouvernement de Habyarimana se sentant menacé a choisi d'aller dans le sens contraire. Il a réveillé les vieux démons de la division ethnique. Les Tutsis ont été dépeints comme des envahisseurs étrangers. Tous les problèmes de classe et toutes les divisions régionales parmi les Hutus ont été abandonnés pour faire face aux envahisseurs. La propagande anti-Tutsis a repris de plus belle.

Au même moment, Habyarimana a demandé une aide militaire à la France qui a répondu favorablement en l'assurant de son appui inconditionnel. L'impact de l'incursion du FPR a été dévastateur à bien des égards. Les Tutsis ont fui, près de 300 000 d'entre eux ont été expulsés et ont cherché refuge dans des camps. Au début de 1993, une autre attaque de grande envergure du FPR a entraîné le déplacement d'un million d'autres personnes, en majorité Hutus. Le pays était déstabilisé. La violence anti-Tutsis, organisée par le gouvernement et ses alliés, s'est propagée alors que les insurgés du FPR attaquaient avec brutalité les civils Hutus dans les zones qu'ils avaient « libérées ».

A compter du 1er octobre 1990, le Rwanda a subi trois années et demie de violents incidents anti-Tutsis qui sont autant d'étapes vers le génocide. Mais toutes ces interprétations sont autant de spéculations. Il n'existe pas d'explication généralement admise du crash de l'avion du Président, bien que de temps en temps les journaux télévisés annoncent avoir déterminé l'origine des rockets qui ont abattu l'avion présidentiel. Ce qui est sûr c'est que toutes ces étapes ont conduit progressivement au génocide. Des massacres de Tutsis ont eu lieu en Octobre 1990, janvier 1991, février 1991, mars 1992, août 1992, janvier 1993, mars 1993 et février 1994. A chaque occasion des Tutsis ont été tués par la foule et par les miliciens associés à différents partis politiques, avec la participation des forces policières et de l'armée, incités en cela par les médias.

A mesure que la terreur montait, les organisateurs ont pris conscience qu'ils pouvaient tuer impunément et ils sont devenus de plus en plus audacieux. Des sociétés secrètes ont été formées avec la complicité des cercles du Président et de L'Akazu (petite case) faction formée de proches du Président. Elles prirent comme noms Amasasu (balles) et Réseau Zéro. Des forces contraires ont tenté de favoriser la démocratisation et le multipartisme. Mais dans le même temps, les partis se sont mis à organiser leurs propres milices de jeunes dont la plus célèbre était les *Interahamwe.* Au même moment de nouveaux médias diffuseurs de propagande haineuse ont émergé, notamment la très célèbre *Radio-Télévision libre des mille collines* parrainée par une faction de l'Akazu qui incitait à la haine et à la violence ethniques.

Les roquettes qui ont abattu le président Habyarimana le 6 avril 1994 ont servi de catalyseur à l'une des plus grandes catastrophes du XXe siècle. Les instigateurs du génocide avaient une stratégie globale. Publiquement dénoncés comme « complices » des Tutsis, les Hutus qui s'opposaient à l'idéologie du Pouvoir hutu avaient été les premières victimes de l'extermination. A la fin du génocide, une centaine de jours plus tard, de 500 000 à 800 000 femmes, enfants et hommes en majorité Tutsis avaient été tués. Des milliers d'autres personnes avaient été violées, torturées et mutilées à vie. Les victimes ont été traitées avec une cruauté inimaginable. Les leaders hutus des églises catholique et anglicane gardaient le silence ou restaient neutres durant ces massacres. Cette position a été interprétée par les chrétiens ordinaires comme un appui implicite aux tueries. C'est peut-être pour cela que le génocide a pu être perpétré avec tant de facilité.

Les gouvernements étrangers n'ont pas voulu qualifier les massacres de génocide et ont continué à reconnaître les membres du gouvernement génocidaire comme les représentants légitimes du Rwanda. La communauté internationale a refusé d'intervenir. Quand la guerre et le génocide ont pris fin le 18 juillet 1994, la situation au Rwanda était chaotique. Le pays était à l'abandon. Sur une population de sept millions, les trois quarts environ avaient été soit tués, soit déplacés ou avaient fui le pays. Beaucoup de ceux qui étaient restés avaient terriblement souffert. De nombreuses femmes avaient été violées et humiliées, certaines furent infectées par le VIH/Sida. Les enfants survivants ont été témoins de carnages quand ils n'ont pas vu leurs propres parents assassinés sous leurs yeux. Les Rwandais se décrivaient eux-mêmes comme un peuple de « morts-vivants ».

Après le génocide, les questions de justice, de détermination des responsabilités et de réconciliation se posèrent. Les Nations Unies ont crée le Tribunal pénal international d'Arusha en Tanzanie et le Rwanda avait ses propres tribunaux.

La réconciliation est difficile compte tenu des réalités de ce pays gravement polarisé. Les Tutsis réclament justice et les Hutus la démocratie. Ces derniers craignent la justice qui les met en cause alors que les premiers redoutent que la démocratie ne soit qu'un moyen de finir un génocide inachevé (d'après les documents en ligne de l'OUA).

Le XXe siècle aura connu plusieurs génocides qui sont l'expression la plus aboutie de la perversité humaine. Le terme même était inconnu avant d'être inventé en 1944 par le professeur de droit Raphaël Lemkin, un juif polonais immigré aux Etats-Unis pour décrire les tentatives des Nazis pour exterminer les Juifs et les Tziganes. Le mot en lui-même est un terme hybride composé du terme grec *genos*, race et du suffixe latin *cide* qui signifie tuer.

Génocide serait l'extermination de tout un peuple. Le 9 décembre 1948, l'Assemblée Générale des Nations unies adopta à l'unanimité la Convention pour la prévention et la répression du crime de génocide. Ce crime est défini comme un acte commis dans l'intention de détruire, en tout ou en partie un groupe national, ethnique, racial ou religieux.

Cette définition juridique du crime de génocide est d'importance puisque elle circonscrit l'acte de génocide à l'intérieur d'un cadre bien précis. Cinq hypothèses sont visées, ces dernières étant soumises à des critères cumulatifs qui doivent être remplis afin de proclamer le caractère génocidaire d'un crime international :

> « [...] le génocide s'entend de l'un quelconque des actes ci-après commis dans l'intention de détruire en tout ou en partie, un groupe national, ethnique, racial ou religieux, comme tel : a) Meurtres de membres du groupe. b) Atteinte grave à l'intégrité physique ou mentale de membres du groupe. c) Soumission intentionnelle du groupe à des conditions d'existence devant entraîner sa destruction physique, totale ou partielle. d) Mesures visant à entraver les naissances au sein du groupe. e) Transfert forcé d'enfants du groupe à un autre groupe. »

Comme le souligne Tzvetan Todorov en parlant des camps nazis, mais cette analyse peut être étendue :

> « Croissance du mal. Il est difficile de comparer le mal d'un siècle à un autre, puisqu'on ne peut les connaître tous deux de l'intérieur ; néanmoins, tout porte à croire qu'au XXe siècle en Europe, on a assisté à un déploiement du mal qu'on n'avait jamais (ou alors très rarement) rencontré auparavant : non seulement par le nombre des morts, mais

aussi à cause de la souffrance infligée aux victimes et de la dégradation subie par les bourreaux. Comment l'expliquer ? Je ne crois pas que le mal lui-même ait changé de nature : il consiste toujours à dénier à quelqu'un son droit d'être pleinement humain ; ni que l'espèce ait subi une mutation ; ni qu'un fanatisme nouveau, d'une puissance jamais vue, soit soudain apparu. Ce qui a rendu possible ce mal immense, ce sont des traits tout à fait communs et quotidiens de notre vie : la fragmentation du monde, la dépersonnalisation des relations humaines » (Todorov 1994 : 320).

Et Todorov ajoute que la technologie qui nous rend toujours plus performants affecte aussi nos comportements. Nous tentons d'être plus efficaces dans la vie quotidienne et dans nos actions pour le bien et pour le mal. Comment pourrions-nous expliquer alors que des massacres à grande échelle puissent se produire sans que nous nous sentions concernés. Et la question revient : *Comment a-t-on pu en arriver là* ?

Ecrire par devoir de mémoire

Après le génocide et les interrogations qu'il a soulevées, des journalistes occidentaux se sont rendus sur place pour mener leurs enquêtes et écrire leurs rapports. Un des exemples les plus connus est celui de Jean Hatzfeld : reporter à l'époque du génocide, il décide de séjourner près des marais en 1998 pour travailler avec des rescapés Tutsi, originaires de Nyamata. C'est le premier volet de ce qui va devenir une trilogie, éditée au Seuil, *Dans le nu de la vie, récits des marais rwandais*, en 2000, ouvrage pour lequel il reçoit en 2001 le Prix France Culture. Il continue en travaillant avec un groupe Hutu d'acteurs du génocide et détenus au pénitencier de Rilima : le second volet est issu de ces entretiens et paraît en 2003, *Une Saison de machettes* ; il reçoit le Prix Femina essai et le prix Joseph Kessel. C'est en 2007 que paraît le troisième volet de la trilogie consacrée au génocide rwandais, *La Stratégie des antilopes* qui obtient le Prix Médicis. C'est le récit de l'après-génocide avec quelques-uns de ceux qu'il a interviewés dans les deux premiers ouvrages, l'impossible réconciliation.

Les Africains pour la plupart restaient silencieux, dans un mutisme étonnant. L'association Fest'Africa de Lille a décidé d'intervenir. Elle avait été créée par de jeunes journalistes, le Tchadien Nocky Djedanoum et l'Ivoirienne Maimouna Coulibaly. Très rapidement, elle devint une référence et un rendez-vous incontournable pour les créateurs africains et maghrébins. En 1995, au Nigeria, Ken Saro-Wiva, écrivain de talent auteur de *Sozaboy*, et récipiendaire du prix Nobel alternatif, fut exécuté par pendaison pour avoir soutenu la lutte de son peuple, les Ogoni, dont la terre, autrefois fertile et luxuriante, avait été ravagée par les exploitations pétrolières. Personne n'avait pu empêcher cette mort qui privait l'Afrique de l'un de ses plus brillants créateurs. Il fallait réagir. Les écrivains africains réunis à Lille venaient d'apprendre la mort de Ken Saro-Wiva lorsqu'ils décidèrent d'intervenir au Rwanda avec les moyens qui sont les leurs : la création littéraire et le témoignage. Choqué par les massacres, Nocky Djedanoum conçoit un projet exceptionnel : réunir des créateurs, écrivains et plasticiens en résidence à Kigali et leur demander d'écrire et de peindre autour du thème du génocide. C'est le projet *Ecrire par devoir de mémoire* qui obtient aussi un soutien financier de la Fédération de France. Le Sénégalais Boubacar Boris Diop, l'Ivoirienne

Véronique Tadjo, le Djiboutien Abdourrahmane Waberi, le Malgache Jean-Luc Raharimanana, la Burkinabée Monique Ibouldo, le Tchadien Koulsky Lamko et le Guinéen Tierno Monénembo feront partie des écrivains qui participent à ce projet. Ainsi que deux dramaturges rwandais, Jean-Marie Vianney Kayishema et Kalisa Lugano.

Interrogé par Boniface Mongo M'boussa, Nocky Djedanoum s'explique sur son projet :

> « Au départ, il y a eu les images de la télévision. Je crois que je n'ai jamais vu de telles images. Certes, il y a eu des images de guerres civiles chez nous. Mais une telle horreur en direct, c'était pour moi un choc. Après cette réaction première, je me suis dit qu'il fallait agir. [...] L'action réelle a commencé quand j'ai contacté les écrivains. »

Et lorsque Boniface Mongo M'Boussa lui fait remarquer que cette résidence d'écriture a fait naître beaucoup de réticences, sur la place parisienne.

> « J'ai toujours cru à ce projet. Dans un premier temps je me suis rendu au Rwanda (en février 1998) avec Théogène Karabayinga pour rencontrer les autorités politiques rwandaises, notamment le ministre de la Culture qui à l'époque était méfiant. [...] Je dois avouer que j'étais un peu déçu. Ma déception venait du fait que les Rwandais étaient méfiants à mon égard alors que les Occidentaux qui étaient venus au Rwanda pour écrire sur le génocide n'avaient demandé l'autorisation à personne, hormis l'obtention d'un visa. Pour une fois que les Africains venaient pour témoigner, on se demandait par qui nous étions manipulés. »

Et il ajoute en constatant que ce projet qui a été une réussite a apporté quelque chose de plus au continent :

> « Je souhaite que les gens et surtout les Africains viennent davantage au Rwanda pour voir ce qu'il reste de cette folie humaine, pour ne plus douter de l'existence du génocide. Et puis, il y a l'acte d'écrire, qui est d'une certaine manière un acte contre le négationnisme. Amener les écrivains et les chercheurs africains ici pour qu'ils prennent conscience de ce qui s'est passé, pour qu'ils le fassent partager aux autres, est à mon sens un acte de solidarité avec le peuple rwandais. [...] Personnellement, je crois que le Rwanda devrait être pour nous, Africains, une terre de pèlerinage à l'instar de Ouidah, de Gorée. Ce sont des lieux qui portent une histoire, une mémoire » (Mongo-M'boussa, 2002 :165-168).

Nocky Dejdanoum a écrit un poème dans son recueil, *Nyamirambo !*, que nous choisissons comme introduction aux autres créations réalisées dans le cadre du projet :

Mémoire

Terre de pèlerinage et de recueillement
Tu t'offres à mes pieds tremblants
A mes oreilles assoiffées
D'histoires à chuchoter dans le silence de nos âmes
Tu t'offres à mes yeux asséchés et ahuris
Raconte-moi les millions de tranches de vie anéanties

Course folle vers l'infinie dé- raison
Terre avaleuse de mes rêves
Incommensurable linceul
Jeté par-dessus des millions d'omoplates
Des millions de crânes/de tibias/de phalanges

Des millions d'âmes errantes.
Mes pieds venus du sahel de la savane de la forêt
S'enfoncent en une aiguille dans l'innommable
Corps de paille et de brindilles craquant au feu de l'horreur
Où sont les mots pour dire et chanter le vide ?

Les textes parus en 2000 sont *Murambi le livre des ossements* de Boubacar Boris Diop, *L'ombre d'Imana Voyage au bout du Rwanda* de Véronique Tadjo, *La Phalène des collines* de Koulsky Lamko. Et *L'Aîné des orphelins* de Tierno Monénembo. Le retentissement dans la presse française fut très important.

Au seuil du texte, avant son premier voyage, Véronique Tadjo se livre à quelques réflexions :

> « Cela faisait longtemps que je voulais exorciser le Rwanda [...] je ne voulais pas que le Rwanda reste un cauchemar éternel, une peur primaire.
>
> Je partais avec une hypothèse : ce qui s'était passé nous concernait tous. Ce n'était pas uniquement l'affaire d'un peuple perdu dans le cœur noir de l'Afrique. Oublier le Rwanda après le bruit et la fureur signifiait devenir borgne, aphone handicapée. C'était marcher dans l'obscurité, en tendant les bras pour ne pas entrer en collision avec le futur » (Tadjo, 2000 : 11)

Les voyages de Véronique Tadjo en forme de reportage où alternent les descriptions, interviews et réflexions sont inscrits par le titre en intertextualité avec le livre de Joseph Conrad, *Au cœur des Ténébres* et le texte phare de Louis Ferdinand Céline, *Voyage au bout de la nuit.* Ces liens insèrent le texte dans la catégorie des livres qui traitent du mal absolu, « travaillant l'Afrique sur la base d'une métaphore consacrée, celle de la noirceur, de l'obscurité de l'irrationnel » (Bazié, 2004 : 34).

Murambi, le livre des ossements de Boubacar Boris Diop convoque deux éléments essentiels dans un génocide, le lieu et le corps. Comme dans le texte de Véronique Tadjo, le livre qui rappelle certains passages de la Bible (Livre d'Ezéchiel, chapitre 37, versets 1 à 4), nous place dans un contexte religieux qui est celui de la lutte contre le mal et de cette vallée des ossements. Le texte doit rendre la douleur.

> « Un génocide n'est pas une histoire comme les autres, avec un début et une fin, entre lesquels se déroulent des événements plus ou moins ordinaires. [...] Cornelius eut honte d'avoir pensé à une pièce de théâtre. Mais il ne reniait pas son élan vers la parole, dicté par le désespoir, l'impuissance devant l'ampleur du mal et sans doute aussi la mauvaise conscience (...) il dirait inlassablement l'horreur. Avec des mots-machette, des mots-gourdins, des mots hérissés de clous, des mots nus et [...] des mots couverts de sang et de merde » (Diop, 2000 : 226).

La Phalène des collines de Koulsky Lamko aborde les mêmes problèmes mais « dans un élan scripturaire qui défie plus ouvertement l'interdit de la représentation » (Bazie, ibid. : 43). Le texte affiche, dès le seuil, les difficultés de la nomination de l'indicible « et pose de prime abord le cadre dans lequel la parole de l'écrivain trouve sa légitimité : Décompte mathématique des jours de massacres pour dire combien de morts cela fait par jour » :

> « Trois mois font trente jours à multiplier par trois. Ensuite il faut y ajouter trois ou deux jours selon que l'on

> est en année bissextile ou non [...] Si l'on entreprend de multiplier cent par dix et encore par dix et encore, on finira par atteindre le million et puis l'on pourra diviser, si l'on veut, pour trouver une moyenne honorable » (Lamko, 2000 : 8).

Cet exorde témoigne de la difficulté à dire l'horreur. Ce décompte macabre, établi au limen du texte, par son côté absurde, introduit comme une hésitation dans l'approche du génocide. Contraintes de l'écrivain, potentialités de son dire face au réel. La fin de l'histoire contredit cette énumération qui se veut rationnelle en se positionnant contre « l'histoire mathématique » Commence alors l'ère du poète : « la vocation d'une polyphonie sur des arpèges de cacophonies douloureuses » (Lamko, 2000 : 8).

Le texte de Abdourrahmane Waberi pose un autre problème. Cet ouvrage s'excuse presque d'exister. Sa rédaction a été ardue, sa mise en chantier différée pendant des semaines et des mois. N'était le devoir moral contracté auprès de divers amis rwandais et africains, « il ne serait pas invité à remonter à la surface aussi promptement après deux séjours au pays des mille collines » (Waberi, 2000 : 11).

Ces mots d'introduction révèlent la difficulté d'écrire sur le génocide. A coup sûr, le lecteur saura gré à Waberi d'avoir joué franc-jeu. Car ce livre est celui d'un échec, un échec noble puisque l'auteur le reconnaît lui même. Le seul fait d'avoir intitulé ce livre, *Textes pour le Rwanda*, accentue le malaise. Par *Textes*, il faut entendre un ensemble hétéroclite composé de nouvelles, d'un essai, d'un reportage. Bien que Waberi nous ait habitués à produire des ensembles composites qui sont finalement comme sa marque particulière, on peut dire que dans ce cas, cet assemblage un peu surprenant témoigne d'une difficulté à dire.

L'aîné des orphelins est, à mon sens, une œuvre intense. Elle évite ce qui a été appelé par beaucoup de critiques « le naufrage du sens ». Les témoins et victimes ne peuvent saisir qu'une partie de l'événement à cause justement de leur position. De ce fait, parce que justement leur vision est partielle, ils ne peuvent restituer l'ensemble de l'expérience. Ce morcellement, cette approche tronquée échouent à rendre l'inimaginable, l'infini du malheur.. La littérature offre une *représentation* des faits (choix des personnages, du narrateur, temporalité, ordre des faits...) et par cette mise en scène conduit le lecteur à mieux imaginer le Mal.

Chacun des écrivains a tenté de rendre perceptible par des moyens détournés l'horreur des faits relatés. On sait que, devant la mort en général, et devant les massacres surtout lorsque les corps ou les crânes pour parler comme Abdourrahmane Waberi, ne se comptent plus, les récits sont impuissants à « dire l'indicible » ; de surcroît, lorsque la narration se veut à la fois reportage et œuvre de fiction. Mais sans doute les moyens littéraires viennent au secours des créateurs qui, par les métaphores, les différentes figures de style et tous les artifices dont ils disposent, parviennent à reproduire une réalité insoutenable. Essayons d'étudier de plus près cette œuvre pour en démonter les rouages et montrer comment l'horreur des massacres a été rendue.

CHAPITRE II

ÉTUDE DE L'ŒUVRE
ORGANISATION, RYTHME ET THÈMES

Premières incursions dans la fiction

L'aîné des orphelins

Ce roman raconte l'histoire de Faustin Nsenghimana, né d'un père hutu et d'une mère tutsi, et aîné d'une fratrie de quatre enfants : deux sœurs, Donatienne et Esther et un petit frère, Ambroise. Faustin est en prison, en 1999 et le roman remonte dans le temps, en s'adaptant au désordre de la mémoire, de 1999 à 1994.

Le titre est un titre proleptique puisqu'il annonce la suite des événements et la mort des parents. Il connote aussi la responsabilité en tant qu'aîné de Faustin, chargé de veiller sur ses frère et sœurs. Il prépare ainsi le lecteur au crime que l'aîné va commettre pour protéger les siens puisque c'est sa responsabilité de chef de famille qui le conduit à défendre sa sœur. Il est composé de deux noms, l'un étant le complément de l'autre et le déterminant. Il aurait été suggéré à Tierno Monénembo par un ami rwandais.

L'histoire commence par quelques imprécations dirigées contre le cousin Thaddée qui, en retardant son départ, a causé la perte de Faustin. Comme dans une tragédie antique, le destin se prépare par des signes ou une succession de faits, ce qui est souligné à maintes reprises dans le roman. Les malheurs n'arrivent pas sans s'annoncer, il y a des signes dans la nature, des comportements anormaux chez les animaux. Thaddée ne reviendra pas, la mort du président Habiarymana donnant le signal de départ au génocide. Comme toujours, lorsque des événements effrayants se produisent, les hommes cherchent à comprendre le pourquoi des choses et le déroulement inéluctable du destin qui aurait pu être enrayé si... et les suppositions s'accumulent mais ce n'est qu'une façon, somme toute assez fréquente, de traduire notre désarroi face à la mort et à l'horreur :

> « Le diable est partout ici ! clamait-il. Son feu est dans nos montagnes, sa cruauté dans nos cœurs. On ne sait jamais d'où ça vient mais, toutes les saisons, le sang jaillit de partout pour submerger les collines et les lacs. Nous, on veut bien une mer mais pas de cette couleur-là ! Pauvre Rwanda ! On dit que c'est le paradis ! C'est peut-être bien l'enfer ! » (p.15)

Faustin se présente : il est en prison, il a 15 ans. Il attend d'être exécuté et se rappelle que lorsque les *avènements* ont commencé, il avait seulement 10 ans. Le mot « avènements » déformé par une bouche enfantine rappelle que celui qui parle est à peine sorti de l'enfance même si sa courte vie l'a confronté à des choses terribles. Ce qu'il exprime de façon claire : « Maintenant que mon sort est scellé, rien ne me ferait trembler » (p. 15).

Le récit de Faustin progresse par à coups, la prison est l'actualité. Petit à petit par le souvenir, son histoire douloureuse est reconstituée pour le lecteur. Et c'est seulement à la fin du texte que nous est révélée la mort de ses parents – que le mot « orphelins » affichait dès le titre – mais dont on parle tout au long du récit comme s'ils étaient encore vivants. La mémoire a opéré un travail d'occultation pour mieux protéger l'enfant : « Cela a rejailli tout seul dans ma mémoire en lambeaux, par à-coups, comme des jets d'eau boueuse jaillissent d'une pompe obstruée » (p. 156).

L'espace

L'espace est celui du Rwanda, bien sûr, mais revu par les itinéraires de la souffrance. Tous ceux qui ont visité le pays ont souligné sa beauté étonnante :

> « Le Rwanda est un pays spectaculaire. Dans tout le centre, des terrasses sinueuses et étroites rayonnent abruptement autour de chaque hameau et de chaque ferme solitaire. L'argile rouge et le terreau noir béent comme autant de balafres là où la houe vient de passer ; les eucalyptus étalent leur argent sur le fond vert étincelant des plantations de thé ; partout surgissent des bananiers. Sur le thème de la colline, le Rwanda propose d'innombrables variations : forêts tropicales effilochées, croupes arrondies, landes ondulantes, amples renflements de savane, pics volcaniques aussi acérés que des dents limées. Pendant la saison des pluies courent d'énormes nuages bas, la brume s'attarde dans les combes, des éclairs rayant la nuit, et le jour tout le pays chatoie. Après les pluies, le ciel se dégage, l'éclat écrasant et immuable de la saison sèche parchemine la terre, et dans les savanes du parc de l'Akagera les feux de brousse noircissent les coteaux » (Gourevitch, 1998 : 30-31).

Ce journaliste qui décrit ainsi le pays, est frappé par sa splendeur et lorsqu'il interroge les habitants en leur demandant s'ils se rendent compte à quel point leur pays est magnifique, ils répondent que les événements passés l'ont transformé. Ceux qui avaient survécu ne réalisaient pas encore et se demandaient pourquoi ils avaient été épargnés.

Dans une œuvre de fiction, l'espace est reconstitué en fonction des personnages et de leurs parcours. Au début du récit, Faustin est dans la prison de Kigali attendant d'être exécuté. En remontant dans le temps et ses souvenirs, il se rappelle qu'il a quitté Nyamata, son village natal, pour rejoindre les grottes de Byumba, sorte de lieu préservé au Nord du pays. Puis il veut aller à Gitamara pour rejoindre ses parents. Il se rend dans la capitale Kigali.

A Nyarubuye, un coin perdu dans la région de marécages et de lacs tient lieu de frontière entre le Rwanda et la Tanzanie (p. 103) ; puis il se rend à Rebero avec la télévision suisse et à Biserero avec CNN, à Musha avec les Norvégiens et à Mwuliré avec les Australiens. En regardant sur une carte on s'aperçoit qu'il parcourt toute la partie Est du pays ;la géographie se brouille à partir de la page 142. Il y a à nouveau de mauvais présages : un troupeau de topis traverse la route, des aspics et des caméléons sortent de partout et en plein jour, une volée de hibous se perche sur le toit de l'église (p. 142). Définitivement optimiste, Théoneste le père, ne veut pas croire à tous ces signes. Faustin continue de penser que rien ne pourra lui arriver tant qu'il sera sous sa protection . Mais le 13 des jeeps chargés d'*Interhamwe*, tueurs du Pouvoir Hutu, passent le pont de Nyabarongo et ils arrivent à Nyamata. Longtemps les parents de Faustin ont cru être à l'abri, aucun tueur n'étant jusqu'alors parvenu à leur village, mais désormais tout est possible. Le pont est un lieu symbolique, un espace de protection. Lorsqu'il est franchi, les forces du mal se déchaînent.

Théoneste ne veut pas croire que le malheur a fondu sur eux mais ils sont bientôt enfermés dans l'église où ils vont être massacrés. Il y aura plus ou moins 35 000 morts dans ce site. Dont la femme violée avec un pic.

Dans ses parcours, Faustin tente dans un premier temps de retrouver ses parents, sa mémoire ayant occulté le génocide. Après avoir retrouvé son frère et ses sœurs, il reconstitue peu à peu l'histoire de la mort de ses parents. Cet itinéraire de l'horreur suit les méandres d'une conscience troublée dont les repères sont brouillés. Le Rwanda est un tout petit pays et les distances sont courtes. Aussi Faustin évoque-t-il ses pérégrinations dans des lieux qui couvrent pratiquement tout le pays.

Le temps

Les différents épisodes nous sont rapportés dans un désordre révélateur d'une mémoire fracturée dans le laps de temps qui sépare le présent de la narration (1999) de la date du génocide (1994). Le temps qui paraît à certains moments bien précis, surtout lorsqu'il s'agit des dates du génocide, s'embrouille lorsque Faustin se souvient.

Tierno Monénembo adopte un récit en paliers et en séquences enchâssées qui ne sont pas forcément successives dans le temps. Ce procédé est fréquent dans toute son œuvre. Ici cette écriture que Josias Semujanga qualifie *d'écriture oblique* permet d'éviter le pathétique qui ne pourrait manquer d'apparaître pour un sujet aussi douloureux. La succession des actions et des délires nés de la faim ou de la souffrance tient à une distance que l'on pourrait qualifier de salutaire l'horreur des massacres :

> « Des stratégies et moyens détournés sont à l'œuvre dans le récit. Ils cassent les formes conventionnelles du roman historique de facture ordinaire. Le lecteur n'a plus besoin de chercher le sens du roman : il n'en a pas. Ces formes brisées conduisent le lecteur de *L'aîné des orphelins* vers un style de vie caractérisé par une double quête de la mémoire et de l'oubli de l'événement, comme dans le récit enchâssé qui raconte les rêves du héros lors de son séjour dans une maison de fous. Ce faisant, une distanciation vis-à-vis de l'horreur est opérée par ce passage dans le monde aliéné et par ce jeu de focalisation, car le lecteur reçoit des bribes d information sur le génocide à partir des points de vue différents » (Semujanga, 2003 : 108).

Dans le cas présent, le trou noir qui a suivi la mort des parents qu'on ne connaîtra qu'à la fin du livre, n'est pas comblé. A plusieurs reprises dans la première partie, Faustin recherche ses parents, veut partir pour les retrouver, oublieux de ce qui s'est passé dans l'église de Nyamata. C'est ce que l'on peut appeler la mémoire traumatique qui développe des mécanismes de défense. Au total, le risque vital lié au stress extrême généré par les violences est évité au prix d'une disjonction responsable d'une mémoire traumatique et de symptômes dissociatifs. Ces mécanismes sont reproduits par la fiction. L'individu cherche refuge dans des conduites de contrôle et d'évitement. Ainsi à plusieurs reprises, Faustin veut retrouver ses parents. Il le dit au sorcier Funga

> « – J'attends mon père et ma mère.
> – Oublie ton père, oublie ta mère ! Quand les choses sont ce qu'elles sont, on ne pense pas à son père, on ne pense pas à sa mère, on pense à sauver sa peau !
> – j' n'irai pas sans eux.

> – Je dirai que tu es des nôtres ! Ton père et ta mère... ne me dis pas que tu ne sais pas !
> – A quoi bon partir ? Y a pas plus de lait ailleurs !
> – Ici, les dieux n'ont plus de cœur. De l'autre côté du lac Kivu, il doit en rester de la chance. [...]
> – Je sais où se trouvent mes parents. Ils se cachent dans une grotte du côté de Byumba, près de l'Ouganda [...]
> – Que je retrouve seulement mes parents et tout ira bien ! [...]
> – je n'ai jamais douté de tes pouvoirs ! ce que je veux, c'est revoir mes parents ! » (pp. 17-18)

Le sorcier Funga ne veut rien dire à Faustin car il a pitié de lui. Il veut l'entraîner à fuir mais le jeune garçon s'obstine dans son désir maintes fois répété de revoir ses parents.

Les répétitions dans le texte traduisent les perturbations de la mémoire :

> « Après m'être enfui de mon village natal de Nyamata, je comptais rejoindre les grottes de Byumba, pour retrouver mes parents, quand je rencontrai le sorcier Funga sous un flamboyant. Mais je n'eus pas le courage de poursuivre mon chemin. A vrai dire, je n'en voyais pas la nécessité. Mes parents y étaient-ils encore, sur cette lointaine terre de Byumba ? Cela devenait de moins en moins sûr à voir le rythme auquel s'était mis à bouger le monde » (p. 36).

La quête reprend : « Laisse-moi partir chef. D'ici Gitamara, ce n'est pas bien loin, mes parents sont à Gitamara » (p. 41). Et à la demande du capitaine, il évoque les « avènements » : « Je fis un effort surhumain pour revenir sur les fameux avènements que ma mémoire ne voulait plus revoir » (p. 46).

Le temps s'abolit lorsqu'il retrouve son frère et ses sœurs, il revient dans le passé :

> « J'avais neuf ans, Esther sept, Donatienne quatre et Ambroise deux. Père était parti se louer dans les mines du Zaïre. Mère sarclait le champ de haricots du côté des marais. C'était à moi de les amuser avec des poupées de chiffon et des boîtes de sardines remplies de graviers et en cas de besoin de leur donner le lait caillé ou la bouillie de sorgho » (p. 73).

Et il continue d'espérer :

> « Le Seigneur s'est surpassé en miracles pour que je retrouve mon frère et mes sœurs, il fera bien mieux encore pour que je retrouve mes parents, n'importe où ! Je n'aurai qu'à ne jamais écouter les gens de mauvaise augure. Père est à Mabanza et mère est avec lui. Nous rentrerons bientôt chez nous quand le rocher de la Kagera aura retrouvé sa place. Il sera juste temps pour la récolte des bananes et la fête des intore » (p. 77).

Et le rêve se poursuit.

Des images du temps d'avant surgissent et s'imposent comme si le drame vécu était mis entre parenthèses. La vue des petits désarmés et mourants lui rappelle instantanément une époque qu'il a cru enfouie en lui-même. C'est le propre de la mémoire affective de réveiller le passé par petites touches, par flashs. Les souvenirs reviennent par fragments et se répètent. La mort de l'Italienne est reprise plusieurs fois, révélatrice du drame qui va se jouer et qui enclenchera un processus de souffrances infinies.

Dans toutes les œuvres de l'auteur guinéen, le temps se construit en spirale. Faustin, qui prend la parole de son ton enfantin et pourtant sûr de lui, se trouve dans une cellule. Il raille les hommes qui, malgré l'horreur des temps actuels, restent superstitieux et évitent le chiffre 13.

Le temps du génocide est précis :

> « – Maintenant écoute-moi et réfléchis bien : dis-moi où tu étais entre le 7 et le 15
>
> Il n'avait pas besoin de préciser avril. C'est ainsi que tout le monde désigne cette période-là : "le 8, ils nous ont réunis devant la préfecture et le 12, les I*nterharamwe* sont arrivés" entendait-on ici et là. Malheureusement, l'avion du Président Hayarimana a été abattu le 6 et non le 1er. Il suffit d'une date pour changer le cours de l'Histoire » (p. 45).

A Kigali, après la chute des Hutus, le temps semble se réorganiser :

> « On avait mis le temps à la casse, comme une vieille épave. Personne n'aurait jamais songé à le compter ou à le réarranger. La nuit ressemblait au jour. Cela ne servait à rien de savoir si l'on était le Mardi gras ou le lundi de Pentecôte. Vagabond ou rond-de-cuir, on cherchait avant tout à se terrer et à trouver un tubercule à grignoter quand, poussé par la fringale, l'amer goût de la bile remontait à la bouche. Et puis, doucement, l'esprit de nouveau, se mit à tenir compte des orages et des bruits des automobiles, des visages et des conversations » (p. 47-48).

Parvenus à l'extrême de leur condition d'êtres humains, les rescapés ne cherchent qu'à calmer leur faim. Cette régression finale les conduit à la limite de leur condition de vivants. Un régime de sous-nutrition les oblige à être en perpétuelle quête de nourriture, prêts à avaler n'importe quoi ; il faut tenir compte aussi que l'état de famine peut créer des hallucinations.

La dernière partie, celle qui raconte en termes clairs le génocide, a interrompu l'écoulement du temps d'une façon surprenante :

> « On entendit hurler des ordres. Les vitraux volèrent en éclats, les icônes tombèrent en poussière, des dizaines de cervelles déchiquetées éclaboussèrent le plafond et les murs. Ils jetaient des grenades. Mes souvenirs du génocide s'arrêtent là » (p. 156).

La suite, c'est une vieille femme qui la lui raconte. Elle fait le tour des charniers pour tenter de retrouver des survivants et découvre Faustin qui tète les seins ensanglantés de sa mère, restés en parfait état. Elle a cette réflexion : « Tu n'es pas un homme comme les autres. Tu es né deux fois pour ainsi dire : la première fois, tu as tété son lait et la seconde fois son sang » (p. 157).

Régression tout à fait habituelle en cas de souffrance extrême. L'enfant se retourne vers sa mère et retrouve l'instinct du bébé.

Ainsi le temps suit les méandres du souvenir et de la souffrance. Il procède par paliers, s'arrête et puis revient en arrière. C'est dans la dernière partie qu'il semble se figer.

Les choix de la fiction

L'ordre symbolique du monde

A maintes reprises, dans le récit, est évoqué le rocher de la Kagera que les Blancs ont déplacé entraînant ainsi toutes sortes de maux. Le sorcier Funga qui apparaît au début de l'histoire et, par moments dans les souvenirs de Faustin, le dit clairement. Toutes les souffrances du peuple rwandais viennent de là. Et il laisse une mission à Faustin : remettre en place le rocher pour que l'ordre soit rétabli, pour que le Rwanda retrouve la paix :

> « Sauve-toi pendant qu'il est temps ! Suis-moi Faustin, ne joue pas au plus malin !... Ce n'est que le début ! C'est plus tard que les choses sérieuses vont commencer... Au fait, est-ce que je t'ai raconté la légende ?
> – Un millier de fois, Funga : personne ne doit déplacer le rocher sacré de la Kagera ! Les Blancs qui savaient cela l'ont fait bouger exprès. Voilà pourquoi ils nous ont vaincus et voilà pourquoi les cataclysmes.
> – Alors promets-moi de le remettre un jour à sa place, le rocher de la Kagera ! » (p. 19)

Ainsi l'ordre du monde a été perturbé par les Blancs et tout est venu de là. Le rocher est symbolique. Choisissant de descendre sur terre par un orifice de la voûte céleste, Sabizeze devient Kigwa, celui qui tombe. Il arrive à l'est du Rwanda actuel à Mubari, région voisine de la rivière Kagera, près du rocher nommé Kinani dans un paysage boisé évoquant son domaine d'origine. Kigwa arrive, accompagné de son demi-frère Mututsi et de sa demi-sœur Nyampundu, d'un potier et de sa sœur et d'une série de couples d'animaux, bovins, chiens, moutons un coq et une poule. Fondateur de l'univers et du tambour emblème, Kigwa et son rocher signifiaient le début de la civilisation et posaient le lien entre le monde d'en haut et celui d'en bas (Semujanga, 2003 :109) Son rocher servait de lieu où se rencontraient les forces antagonistes celles du ciel (ijuru) de la terre habitée (isi) et du monde souterrain (ikuzimu). En déplaçant ce rocher on a rompu l'ordre et détruit l'équilibre entre ces trois forces, ce qui a conduit au chaos actuel.

> « C'était de ma faute, tant qu'à faire ! la disette, le choléra, le bouillonnement des laves du Karisimbi, tout était de ma faute ! Tant qu'à faire, c'est moi qui avais déplacé le rocher de la Kagera, foutu un pied dans le vagin de cette dame Mukandoli dont l'image et la momie empalée a fait la tour du monde, excité les démons et déchaîné les éléments » (p. 72).

Ce rocher symbolise le lien entre les vivants et les morts. Son déplacement a engendré de grands bouleversements et engendré le vide éthique. Lorsque le malheur survient, Faustin ne sait plus à qui s'adresser quand les événements se précipitent : « Je me mis à prier tous les pouvoirs qui me passèrent par la tête : Imana et le Saint esprit, le rocher de la Kagera et les gris-gris du vieux Funga » (p. 74). Cet amalgame étonnant de toutes les croyances n'est pas chose rare en Afrique. Même si les pères blancs qui ont converti Faustin et sa famille sont très présents, il y a une sorte d'attachement superstitieux aux vieilles traditions. Le père Manolo qui tombe aux pieds du pape est en soi un signe du bouleversement à venir. On a pu constater que les cultures africaines avaient réinterprété leurs traditions selon les normes et les besoins de leurs nouvelles expériences historiques de confrontation à la domination étrangère. C'est tout naturellement que sur la tombe des enfants-soldats, on prononce des messes œcuméniques, prières des musulmans, des chrétiens et des animistes comme dit Birahima dans *Allah n'est pas obligé*. Ici

Faustin se rattache à toutes les croyances qui peuvent l'aider.

Le rocher symbolise le lien entre les vivants et les morts et une coexistence pacifique entre les Tutsis, les Hutus et les Twas. C'est ce passé empreint d'équilibre que le narrateur regrette : « Quand je pense à cette époque-là, c'est toujours malgré moi. Mais chaque fois, que cela m'arrive, je me dis que je venais d'avoir dix ans pour rien » (p. 15).

Le Rwanda est maudit et chaque année le sang jaillit de partout pour submerger les collines et les lacs (p. 15). A ce motif du rocher de la Kagera, censé symboliser la stabilité et l'équilibre entre le monde d'en haut et celui d'en bas, est associé le cerf-volant qui symbolise l'ascension du sujet décidé à s'arracher de la pesanteur terrestre (Semujanga, 2003 : 110). Comme Icare qui s'approcha un peu trop du soleil et tomba à la mer, le garçon qui semble défier les cieux va être puni. Le père Théoneste a fabriqué un cerf-volant à Faustin, à partir du papier qui entoure les cadeaux faits par l'Italienne. Mais en même temps que le cerf-volant s'élance dans les airs, l'avion du président tombe :

> « Des cerfs-volants, notre maître d'école nous avait appris à en fabriquer. Avec une longue ficelle et cette résine qui brûle les yeux récoltée de l'arbre appelé *imiyenzi*, j'obtins un magnifique épervier qui avait l'air d'un vrai quand il était là-haut. Mon épervier, il volait si haut qu'il aurait pu frôler l'avion du président s'il était passé par là » (p. 118).

Les enfants courent derrière Faustin en lui demandant de les laisser toucher le cerf-volant. Seul Funga, le sorcier, sorte de Cassandre lugubre, le met en garde :

> « Il suffirait d'un bon coup de vent pour que ton machin il frôle le firmament. Si tu faisais tomber une étoile, pourrais-tu la remettre à sa place ? Non ! Fais attention, fils de Théoneste, tu ne seras jamais plus malin que les dieux ! » (p. 118)

Les ambitions, le manque de sagesse ont fini par perdre le pays. La mise en garde du vieux Funga contre la démesure s'inscrit dans la figuration du déplacement du rocher de la Kagera dit le rocher de Kinani l'invincible. Or, c'est par ce surnom – Kinani – que le général Habyrimana se désignait lui-même lorsqu'il déclamait ses hauts faits. Ce faisant, il brisait l'interdit populaire qui veut que le monarque ne chante pas ses hauts faits. C'est l'œuvre des poètes de la cour. S'il le fait, il déclare la fin brutale de son règne ; d'où ce rapprochement entre le cerf-volant de l'enfant, d'une part, le déplacement du rocher du Kinani dit l'invincible et l'avion du Président (Semujanga, 2003 : 110). Les dirigeants n'ont pas tenu compte des signes annonciateurs. Et oublieux des expériences passées, ils n'ont pas vu venir le désastre : « Il arrivait que, lassé par les nécessités de l'oubli, un adulte évoquât ce qui s'était passé avant : la saignée de 1959, celle de 1964, celle de 1972, etc. » (p. 119). L'emploi de « etc. » semble inscrire dans une longue liste de malheurs passés et à venir les massacres que Faustin ne nomme pas encore génocide. La rumeur enfle. « On avait importé des machettes de Chine et des grenades de France. On entraînait des milliers de gens dans les collines. Une saignée plus redoutable que les autres allait s'abattre sur le village » (p. 121).

La tension monte dans les dernières pages du livre. Quelque chose de terrible va se produire. Faustin est occupé par son cerf-volant Les jours s'égrènent et on se rapproche de la date fatidique. Le 14, les prêtres belges s'enfuient. Le 15, Funga paraît, ce qui étonne Théoneste. Et quand il l'interroge, celui-ci répond, « les dieux sont devenus fous ! les dieux ont crée le monde dans le plus grand secret. Des choses étranges défilent sous mes yeux : des êtres hybrides, des fleuves de sang charriant des montagnes de têtes vidées de leurs yeux » (p. 147). Et il s'incrimine, « Nous avons négligé les dieux ces derniers temps, nous avons servi celui des autres. Nous le paierons ! » (p. 147)

Les dieux se vengent et le sorcier, gardien de l'ordre traditionnel, perçoit des visions prémonitoires annonciatrices de malheurs. Les pages qui suivent sont étonnantes de calme et semblent constituer un compte à rebours. La mère supérieure venue faire ses courses chez les parents de Faustin, décide au dernier moment de prendre les petits. Elle commence par les filles et elle revient prendre Ambroise. Son trouble se manifeste uniquement dans le mot « bredouilla ». Son assurance a disparu devant la menace qui se précise.

De petits attroupements se forment. Le camarade Lizende lui montre son linceul. La peur saisit Faustin et il entend une détonation. C'est le signal du massacre. Le père continue à garder un optimisme béat en espérant qu'ils seront épargnés. Puis l'ordre arrive de se regrouper dans l'église. « Mes souvenirs du génocide s'arrêtent là » dit Faustin prononçant pour la première fois ce mot. La suite lui sera racontée par une vieille femme qui l'a sauvé. Il est né deux fois. « Il y a toujours de la vie qui reste même quand le diable est passé » (p. 157), commente celle dont l'expérience est forgée par les épreuves.

Ecrire l'horreur

Il est connu que devant des actes abominables, l'homme est impuissant à décrire. Et que le romancier a des scrupules à créer un objet artistique à partir des souffrances des hommes. Comment allier éthique et esthétique ? Comment dire le génocide ? Comment exprimer ce qui par essence est indicible ? Le silence est décrit par Maurice Blanchot comme un moment d'inhibition de la création littéraire :

> « Le danger des mots dans leur insignifiance théorique, c'est peut-être prétendre évoquer l'anéantissement où tout sombre toujours, sans entendre le taisez-vous adressé à ceux qui n'ont connu que de loin ou partiellement l'interruption de l'Histoire. Cependant veiller sur l'absence démesurée, il le faut, il le faut sans cesse » (Blanchot, 1980 : 134).

Un journaliste visitant le Rwanda après les événements et admirant sa beauté s'interroge sur les habitants qu'il aperçoit ici et là, « Des rescapés ou des génocideurs ? » Le futur est compromis.

L'art de Monénembo, c'est de nous conduire graduellement vers la scène du génocide. L'enfant qui est accusé de crime et qui attend dans sa prison l'exécution, est celui-là même qui a échappé au génocide, c'est un rescapé. Il ne veut pas fuir au Burundi pays voisin, car il craint qu'on ne le prenne pour un génocideur. Et il attend la mort qui va le délivrer.

Michael Rinn qui s'est particulièrement intéressé à l'écriture des génocides s'interroge sur les modélisations actuelles de l'indicible. Il remarque que :

> « ce dernier relève de procédures de médiation sémiotique du monde qui atteignent une catégorisation maximale par le langage verbal. Le monde en soi et pour soi est indicible, alors que le monde appréhendé, symbolisé, nommé est dicible. Or si l'art verbal porte toujours plus loin les frontières du monde habitable, force est de constater que, depuis Auschwitz, il faut conceptualiser un langage d'un nouvel ordre – un non-langage – qui conduit à la production d'un monde inhabitable fossilisé, indicible. Ce monde-là traduit la finalité d'essence utopique du génocide. On reconnaît ainsi une impossibilité sémiotique à dire le crime d'Auschwitz, qui se perpétue depuis dans d'autres génocides, dont celui de l'extermination des Tutsi au Rwanda en 1994 » (Rinn, 2009 : 5).

Il poursuit.

> « Les règles régissant la vie sociale avant le génocide ont été abrogées par l'avènement de l'extrême. Or vouloir les restaurer après l'anéantissement en proférant l'impératif catégorique du "plus jamais ça" favorise davantage la mise entre parenthèses du génocide dans un cadre mythique qui revient, *in fine*, à l'actualisation de la pensée totalitaire d'avant » (Rinn, 2009 : 5).

Parler du Rwanda, en dire toutes les horreurs sans détour avec les artifices que propose la fiction littéraire, c'est permettre à la vie de continuer. S'inscrivant dans la continuité du vocabulaire de la littérature de l'Holocauste, les initiateurs du projet *Ecrire par devoir de mémoire*, évoquent la mémoire et l'histoire. Nocky Djedanoum, l'un des principaux organisateurs du projet évoque son engagement

> « Poser les pieds et les yeux sur cette terre de recueillement et de mémoire. Entendre et écouter le Rwanda avec nos propres oreilles, voir le Rwanda avec nos propres yeux... malgré la douleur profonde, des enfants, des femmes et des hommes rescapés du génocide ou non, nous ont ouvert la porte de leur mémoire. Ils ont raconté pour nos oreilles et nos yeux cette mémoire tragique. Poser un acte de mémoire après ce que nous avons entendu, écouté et vu. Quelle responsabilité ! Comment représenter cette mémoire le plus rapidement possible ? Nous y avons répondu sans prétention par la littérature, le théâtre, la danse, le cinéma. Nous ne voulions plus nous enfoncer dans nos silences complices... Nous allons questionner la mémoire et cheminer contre l'oubli, et par conséquent contre les révisionnistes et les négationnistes » (Djedanoum, 2000 : 7).

Témoigner et aussi s'engager comme le reconnaît Monique Ibouldo du Burkina Faso, auteur du roman, *Murekatete* :

> « Face aux guerres et aux conflits qui se répètent sur le continent africain, face particulièrement à ce terrible génocide du Rwanda, pouvons-nous nous limiter au seul acte de création ? N'avons-nous pas obligation morale à nous impliquer plus, à nous impliquer autrement ? Pourquoi sommes-nous devenus aphones face à nos propres tragédies ? A la suite des voix fortes qui ont contribué à la décolonisation et accompagné pour certaines l'après-indépendance, les voix des intellectuel(les) africains ont perdu de leur vigueur. Il est vrai que les longues années de dictatures avec leur lot d'exils, n'ont pas été propices à l'expression d'opinions contradictoires » (Ibouldo, 2009 : 240).

Nous avons déjà évoqué les difficultés d'Abdourrahmane Waberi qu'il expose dans l'exorde de son livre. Il le dit également dans la préface à *Moisson de crânes*. Seule la parole donnée aux organisateurs l'a conduit à aller au bout du projet : « L'honnêteté veut que je confesse que si j'avais su ce qu'était le Rwanda, je n'y serais probablement pas allé. En tout cas, je ne me serais pas engagé aussi spontanément » (Waberi, 2009 : 231).

Boubacar Boris Diop choisit délibérément une écriture dépouillée :

> « Au bout de quelques jours, nous avons tous senti que la seule façon de restituer cette détresse dans sa profondeur était de faire la pari de la simplicité. A la lecture de nos ouvrages sur le génocide, on s'aperçoit très vite qu'ils ont en commun le dépouillement et la pudeur. Quels genres d'écrivains aurions-nous été si nous étions revenus du Rwanda, gonflés par la vanité et seulement désireux de montrer que nous avions du talent pour les pirouettes et les métaphores » (Diop, 2007 : 33)

Ces différents témoignages rédigés par les écrivains participant au projet démontrent, s'il en était besoin, la difficulté de dire. C'est d'autant plus compliqué que les survivants ne veulent pas parler : « ils aspirent étrangement au silence. Leur repliement est troublant » comme le constate Jean Hatzfel (Hatzfeld, 2000 : 9), auteur de plusieurs récits sur le sujet. Au lendemain d'une guerre, les survivants éprouvent un fort besoin de témoigner, ce n'est pas le cas pour un génocide qui est un projet d'extermination. Pendant plusieurs années, commente Jean Hatzfeld, « les rescapés des collines de Nyamata, comme ailleurs ont gardé le silence aussi énigmatique que le silence des rescapés au lendemain de l'ouverture des camps de concentration nazis » (Hatzfeld, 2000 : 8). Pour les uns et les autres, la vie est cassée, elle s'est arrêtée. Un sentiment d'étonnement et de culpabilité parfois contribue à cette confusion. Pourquoi et comment suis-je resté en vie ?

Faustin, entraîné dans la spirale de la mort, ne connaîtra pas ses questionnements et ses hésitations puisqu'il va être exécuté. Il ne sait plus ce que sont devenus ses sœurs et son frère, et ne s'y intéresse plus comme si sa seule raison d'être et de survivre, comme l'indique le titre, *L'aîne des orphelins*, n'existait plus. Désigné par son rang dans la fratrie et les responsabilités que cela comporte, Faustin face à la mort alors qu'il a essayé de défendre sa sœur, est désormais seul. Il a tout perdu même son identité de grand frère. « La prise en compte du rôle du lecteur permet de comprendre pourquoi dans les témoignages historiques, il arrive souvent que la priorité soit donnée non à l'exposition des faits, mais à la configuration du discours accompli pendant la lecture : l'important est non pas de fournir un rapport de police mais de faire en sorte que le public soit happé dans le gouffre de l'expérience historique du narrateur (Prstojevic, 2009 : 43).

La littérature et le réel

Tierno Monénembo a été formé à l'école française, même si, comme nous l'avons indiqué plus haut, les nombreuses langues qu'il a trouvées dans son berceau ont façonné un imaginaire complexe et multiple. Il est donc aussi bien l'héritier des classiques africains que celui des romanciers français. Le roman réaliste, comme l'ont souligné beaucoup de critiques, n'est pas aussi mimétique qu'il le prétend. Il suffit de lire Zola pour comprendre que le mythe déborde le connoté réaliste et, comme le souligne

Jacques Dubois, les romanciers sont d'abord de grands raconteurs d'histoires et de grands fabulateurs. Ils paraissent d'autant plus fidèles à leur programme qu'ils libèrent l'écriture et donnent à leurs représentations la puissance du symbolique ou la force irradiante du fantasme (Dubois, 2000 : 11). J. Dubois précise qu'ils restent fidèles à la vocation première du roman en n'atteignant le collectif que par le biais de destins individuels et en faisant accéder des personnages quelconques à des rôles héroïques et idéalisés (Dubois, 2000 : 11).

C'est ce qui explique que le réalisme renaisse à chaque époque, précisé par un qualifiant spécifique : réalisme carnavalesque, réalisme fantastique, réalisme à thèse, réalisme satririque et pour la littérature africaine qui mêle souvent un ordre surnaturel à ses descriptions : réalisme merveilleux. Dans le récit de Monénembo, le sorcier Funga est présent au début et à la fin de la fiction et il intervient parfois par les réminiscences de Faustin. Il a observé les mouvements de la terre tout autour de lui et cela le rend pessimiste et inquiet. Il veut fuir un monde qui se délite et où la vie n'a plus de valeur. Le rocher de la Kagera est une explication.

Le génocide dans toute son horreur est une réalité et le roman en offre une représentation biaisée. D'abord par le recours au symbolique : le sorcier interprète les signes qu'il aperçoit dans la nature et qui prédisent de grands bouleversements. Et puis par une narration complexe qui s'appuie sur des va-et-vient constants entre passé et présent. Faustin, rescapé du génocide est frappé d'amnésie. Il a oublié que ses parents sont morts, il les recherche désespérément pour que l'ordre d'avant se rétablisse. Funga qui connaît la vérité ne lui dit rien mais tente de le convaincre de le suivre dans sa fuite. Faustin refuse et va vivre d'expédients, tentant de survivre en se cachant. C'est petit à petit que la mémoire revient à Faustin et ce n'est que dans la dernière page que sera écrit le mot « Génocide ». Faustin parlait de « saignée », évoquant ainsi ce qui frappe le plus dans cette entreprise démente : le sang, son odeur et les coupes.

Cette fiction ne peut rester seulement dans l'ordre du symbolique et elle a des accents de témoignage, d'abord par les noms qui ont pu être ceux de véritables acteurs ou victimes du génocide.

– Le père de Faustin, être simple et un peu attardé mais pourtant travailleur et constant malgré son goût immodéré pour le vin de palme ou de banane se nomme, Théoneste, prénom assez fréquent. Le colonel Théoneste Bagosora condamné à la prison à vie est reconnu comme le cerveau du massacre des Tutsi. Il aurait promis, en 1993, l'apocalypse. Il aura échappé longtemps à la prison avant d'être condamné.

– Froduald, le gendarme qui va mettre en prison le pédophile M. Van der Poot et qui est aussi proxénète (p. 82) pour arrondir ses fins de mois, porte lui aussi un prénom connu avec une légère variante. VéroniqueTadjo évoque dans son récit le cas de Froduard, jeune paysan devenu meurtrier : « Descendre les collines en courant et en chantant, il fallait faire vite, frapper sans savoir vraiment, faire tout en même temps ; couper, frapper, avec une machette, un gourdin, une barre de fer, une pioche » (Tadjo, 2000 : 115).

Ces noms qui reviennent fréquemment ancrent le récit dans la réalité. Mais cet effet de réel s'appuyant sur des témoignages est renforcé par l'inscription en texte d'événements historiques, de dates, de mort comme celle de l'Italienne, faits attestés. A plusieurs reprises Faustin l'évoque. Tadjo en parle aussi dans *L'Ombre d'Imana :*

> « Tonia Locatelli
> Morte 1 09.3 1992 RIP (Repose en paix)
> C'était une infirmière italienne. Déjà en 1992, quand les premiers massacres de Tutsis ont commencé, elle a protesté auprès des autorités. Devant l'indifférence, elle a lancé des accusations sur une radio étrangère : « il faut sauver ces gens-là, il faut les protéger. C'est le gouvernement lui-même qui fait ça ! »
> Deux jours après elle était assassinée par des militaires sur le seuil de sa maison » (Tadjo, 2000 : 25).

Les noms de l'actualité qui ancrent le récit dans le réel sont une marque apparente du témoignage. Contraints d'apporter leur contribution à cet effort de mémoire, les écrivains accrochent les textes fictionnels à des repères historiques. Plus que les lieux, ce sont les dates et les hommes connus qui servent à authentifier les histoires et les rattachent à l'Histoire du génocide.

Comment se fait alors cet échange, si constant dans les romans subsahariens, entre roman et Histoire ? L'étude des personnages et des constantes d'écriture de Tierno Monénembo permettra dans le chapitre suivant de répondre, en partie, à cette question.

CHAPITRE III

LES PERSONNAGES ET LEUR MISE EN FICTION

Comme nous l'avons indiqué en introduction, Tierno Monenembo choisit des personnages qui n'ont rien d'exceptionnel. Ce sont des « héros » du quotidien qui semblent ballottés par les événements historiques qui les dépassent et dont ils subissent la violence sans pouvoir enrayer la spirale de malheurs qu'ils entraînent. Comme l'expliquait l'auteur dans une interview, « l'histoire colle à la vie des personnages. Elle ne se passe pas dans les champs de bataille, elle se passe à la maison très souvent. Elle est domestiquée » (Keita, 2011, 310). Les personnages de ce récit ramènent le roman à une dimension humaine : La famille, Faustin, son père sa mère, les frères et sœurs, les compagnons de jeux et de misère que ce soit dans la prison ou au QG, quelques Européens, tout ce petit monde est très banal et ce choix de « normalité » ne fait qu'accentuer le poids de l'histoire sur les hommes.

La famille

Faustin

C'est le personnage central, celui dont le rang dans la fratrie est désigné par le titre, qui raconte l'histoire. Ce n'est pas un héros au sens courant du terme car il n'est pas survalorisé par des qualités particulières, mais une victime des événements qu'il subit. Tout au plus peut-on admirer son endurance. Au fil du texte, il est malmené par la vie et il nous raconte. Les faits nous parviennent par sa voix et sont cryptés par sa conscience. Ce jeune garçon qui avait dix ans à l'époque des massacres, reconstitue progressivement ces cinq années écoulées. Le temps est brouillé, les difficultés à survivre gommant tous les repères :

> « On avait mis le temps à la casse comme une vieille épave. Personne n'avait songé à le compter et à le réarranger. La nuit ressemblait au jour. Cela ne servait à rien de savoir si on était le mardi gras ou le lundi de Pentecôte » (pp. 47-48).

Faustin qui a tout oublié ne veut pas s'enfuir en suivant le sorcier Funga car il attend ses parents. Le sorcier tente de l'entraîner, lui faisant comprendre à mots couverts qu'il ne faut plus espérer, qu'il faut seulement « sauver sa peau ». Ceux qui tentent de trouver refuge ailleurs « ne toussaient pas, ne parlaient pas, ne gémissaient pas » (p.19). C'est une colonne muette frappée de stupeur qui s'éloignait au loin, laissant Faustin à sa solitude. Le souvenir envahit l'enfant qui songe à ces hommes désespérés qui tentent de survivre sans trop y croire. Puis le récit revient à la prison et à ses règles strictes.

Trois ans en prison. Le temps passe. Dans l'univers concentrationnaire, chacun veut affirmer sa suprématie, Faustin l'apprend à ses dépens. Le pauvre Agide gémit jour et nuit, atteint d'une vilaine blessure au bas-ventre :

> « Agide qui partage ma natte a les couilles en compote. Quand la lumière du soleil arrive à percer les lézardes du mur, on peut voir ses boules qui flottent dans le pus et les vers blancs qui grouillent entre les jambes. On ne peut plus dire qu'il pleure ou qu'il gémit. Un bruit de bête sauvage sort tout seul de sa bouche pour de bon entrouverte » (p. 22).

Les autres prisonniers pestent contre le bruit mais Agide ne cesse de geindre. Faustin évoque la mort :

> « Je me demande pourquoi une de ces brutes ne lui donne pas un coup de couteau pour l'achever une fois pour toutes. Cela aiderait tout le monde et d'abord Agide lui-même, plus près de sa tombe que son berceau » (p. 22).

De façon assez constante, dans tout le livre et jusqu'au dénouement, la mort est envisagée comme un soulagement. Ayirmana règne sur la prison. C'est un petit « caïd » qui veut faire régner la loi en soumettant les plus faibles à ses fantaisies sexuelles. Zimana, jeune garçon fringant et nouvel arrivé, lui tient tête et finira assassiné. En prison, les maladies sont inévitables. On n'essaie pas de les éviter, on se demande seulement quand elles vont se déclarer. Seule la mort peut nous délivrer.

> « Ici, me suis-je dit en entrant, pas besoin de se suicider. Il n'y a qu'à se coucher et attendre que cela se passe » (p. 25).

> « Tiens bon, fils de Théoneste encore un ou deux jours et tu auras bel et bien crevé ! Les morts ne souffrent pas, ils se reposent d'avoir vécu » (p. 27).

La mort interrompt la souffrance que l'on subit ou que l'on craint de voir arriver. Elle n'est pas envisagée comme la fin de la vie ou une sanction mais comme un moyen d'échapper au désastre.

Et puis un jour apparaît Claudine qui va cristalliser tous les espoirs de Faustin et ses rêves. Nous arrivons à reconstituer la succession des faits au fur et à mesure. Claudine qui fait fantasmer le jeune garçon, lui trouve un avocat pour le défendre.

Nous revenons au récit initial. Après le génocide, les colonnes se forment qui tentent de fuir, saisies dans un silence glacial « qui s'impose aux prières et aux processions » (p.36). Faustin est abordé par un soldat du RPR (Front Patriotique Rwandais composé de Tutsis) et rejoint d'autres enfant et adultes. La situation se stabilise.

L'existence aurait pu continuer ainsi au camp de Rutongo mais un jour la nouvelle se répandit que Kigali était tombé. Il faut alors se débrouiller pour manger et ce n'est pas facile, chacun ayant ses petites « combines ». Faustin retrouve Musinkôro. Et la vie s'organise avec sa petite bande dans ce qu'ils appellent le QG. Les filles dorment au fond pour être à l'abri, les garçons se répartissent dans les deux pièces. Dans la journée, tous les occupants partent pour gagner quelques sous :

> « Les filles devaient afficher un air assez malheureux pour émouvoir les riches passants mais dans des tenues suffisamment propres pour, le cas échéant, se glisser dans le lit des vicelards qui ont du pognon. Et les garçons, outre leur boulot de cireurs ou de portefaix, se devaient de rassembler dans les caches tout aliment ou bijou qu'ils pouvaient choper sans se faire prendre » (p. 55).

Et Faustin commente : « Ce furent des moments heureux parmi les plus beaux de mon existence » (p. 55). Mais tout cela n'a qu'un temps. Faustin se fait prendre et c'est là que Claudine entre en scène pour la première fois. Elle va le confier à une Irlandaise, surnommée ironiquement *Miss Human rights*, parce qu'elle se dévoue pour apporter un peu de réconfort à ces enfants malmenés par la vie. Elle conduit Faustin à la Cité des Anges bleus où la vie est réglée. Les draps sont propres, les médicaments sont disponibles, la nourriture est suffisante. Il n'y a que deux inconvénients : on y mange à heures fixes et on est dérangés par des cris inhumains qui montent de l'aile des filles à n'importe quelle heure du jour ou de la nuit. Ces cris, Faustin va en découvrir l'origine pour son plus grand désarroi.

Esther, Donatienne et Ambroise

Ces scènes saisissantes représentent le cœur du récit pour mieux traduire la souffrance terrible causée à des êtres sans défense par la folie meurtrière des hommes. On entend des cris épouvantables :

> « Ils (les cris) étaient si violents qu'ils nous faisaient trembler davantage que le fracas du tonnerre dans les entrailles de la mine d'étain voisine. Personne ne pouvait les ignorer. On avait fini par les appeler "le tocsin". Eh bien, la maîtresse interrompait sa leçon de choses et les lavandières revenant du puits s'arrêtaient sous les jacarandas, le temps que le tocsin se taise. Qui pouvait pousser des cris aussi inhumains ? J'interrogeais pensionnaires et cuistots. Mais personne ne pouvait satisfaire ma curiosité. On me parla de folie, de malédiction » (p. 66).

Les métaphores sont très expressives : le fracas du tonnerre, le tocsin évoquent des bruits hallucinants et lugubres. Qui pouvait pousser des cris aussi terribles ? On parle de trois filles ou de deux filles et un garçon « qui erraient dans la brousse parmi les chats sauvages et les singes » (p. 66). Recueillis par un prêtre, ils vivaient désormais à l'écart. Depuis un an, ils étaient enfermés et ne se mêlaient pas aux autres. De temps en temps, ils prononçaient des mots incompréhensibles qui semblaient de l'italien. On demande à Faustin, qui vient du même village, de rencontrer les enfants. Il les reconnaît immédiatement et s'évanouit sous le choc. Puis tombe dans le coma. Il est pris d'une crise de folie, donne des coups contre les murs, « des orages éclataient dans sa (ma) tête) » (p. 70), et il répète inlassablement les mêmes mots d'italien : « *salsiche*, *queija*, *rizotto*, *cafe con lette*, *ciao* » (p. 71).

Ces mots entraînent l'évocation heureuse d'un temps révolu :

> « Je revois l'Italienne dans sa salopette bleue, se démenant de la cuisine aux étables, la mère supérieure brésilienne venue lui demander son lait, le père Manolo et son bréviaire, deux petites filles mâchonnant une tige de papyrus et, derrière eux, un petit enfant braillard et ventru qui a tellement de mal à marcher qu'on dirait qu'à chaque pas le bon Dieu va le rappeler à lui » (p. 71).

L'Italienne a été sauvagement assassinée tout comme le père, les religieuses sont parties, et les enfants ce sont ses frère et sœurs. L'évocation du temps passé, les images qui surgissent vont provoquer l'explosion de colère : ce sont eux, il les reconnaît : Esther, Donatienne et Ambroise.

Lorsque Faustin les rencontre, il a la bonne idée de chanter la berceuse de leur mère pour les calmer. Ambroise se tait et s'endort dans les bras de son grand frère. Et les filles se taisent, elles aussi, et retrouvent leur sérénité. Il s'occupe d'eux et ils reprennent apparence humaine après être passés près de la folie et de la mort.

Ces quelques pages qui racontent de façon éloquente la tragédie de ces enfants sont le point fort du récit. Même si le dénouement, grâce à l'intervention de Faustin, peut paraître heureux, elles sont emblématiques de la situation précaire et apocalyptique faite aux êtres les plus faibles : les enfants. Dans *Trauma et territoires de l'enfance*, Sylvie Brodziak reprend l'image donnée par Boris Cyrilnuk de « l'enfant épouvantail », celui qui subit et tente de garder la tête haute comme le réclame sa culture, malgré les agressions dont il est la victime. Elle voit en Faustin le type-même de cet enfant (Brodziak, 2013). C'est avec beaucoup de pudeur que l'on apprend que des cicatrices marquent la tête de Faustin. Durant le massacre de l'église, il a été violemment frappé à la tête et en garde des traces qu'il dissimule : « Je gardai le calot pour protéger mes cicatrices sur la tête » (p. 47). Il ne veut pas que cela se sache sauf lorsqu'il s'exhibe devant les Occidentaux en mal de sensationnel, pour entrer dans leur jeu et en tirer parti :

> « J'enlevais mon calot pour montrer la cicatrice qui me barrait la tête, retroussais mon vieux tricot pour exhiber les marques de machette sur mes épaules et sur mon torse. (p. 109)

Les sœurs de Faustin vont grandir et devenir à leur tour des proies pour les jeunes garçons des rues, ce qui effraie leur grand frère. Cela se passe si soudainement qu'il ne comprend pas pourquoi les regards sont braqués sur lui. Il se rend compte enfin que ce sont les formes des ses soeurs qui attirent les regards. Cette découverte le remplit d'inquiétude.

> Sans que je m'en rende compte, Esther et Donatienne étaient devenues des femmes.. Une sourde colère mêlée à un sentiment de honte s'empara de moi. Ces regards fiévreux convergeant sur leurs corps me faisaient penser à un grouillement de chenilles sur le dos d'un nouveau-né. C'est ce jour-là que je décidai d'avoir un revolver avec moi. (pp. 85-86)

Ses craintes seront justifiées puisque Esther sera violée par son ami de toujours Musinkôro. On ne sait pas si la relation est consentie car le texte est assez peu expressif à ce sujet, il semble que oui

> « J'eus le pressentiment de l'image que j'allais découvrir quelques secondes plus tard : Esther nue sur une paillasse et Musinkôro affalé là-dessus.
>
> Je visai la tête du voyou et tirai jusqu'à ce qu'il n'y ait plus de balles (p. 114). »

Remarquons la transposition qui s'opère dans le souvenir de Faustin. *Là-dessus* représente le corps de sa sœur et le mot *voyou,* celui qui a été son meilleur ami et qui l'a trahi alors qu'il lui avait confié la garde de son frère et de ses sœurs. De la même façon, la scène est présentée comme une image, sans doute dans son esprit une image obsessionnelle. Le souvenir opère une déréalisation des faits. C'est ainsi que Faustin devient un assassin.

Le couple parental

Mais les deux personnages les plus importants dont la quête obsède l'enfant mais qu'il ne retrouvera jamais, ce sont bien sûr ses parents. Depuis le début de son récit, il en parle, les cherche comme s'il pouvait les retrouver : la mère Axelle et surtout le père Théoneste raillé par le village car un peu simplet, mais habité par un bon sens solide et surtout une grande bonté. Tout au long du texte, les proverbes qu'il avait coutume de réciter, émaillent le récit.

Le père, Théoneste. Tout au long du roman, chaque fois que l'on évoque la figure du père, on en parle comme d'un être demeuré, un peu stupide qui s'adonne sans mesure à la boisson. Et pourtant lorsque Faustin cherche un réconfort et un soutien, des phrases viennent illustrer son propos, et sont comme des règles de vie. Et l'on entend « comme disait Théoneste »...

Le personnage du fou ou du simple d'esprit qui, par son attitude, est proche de la sagesse, « joueur déréglé du même et de l'autre », selon Michel Foucault (Foucault, 1966 : 63), est un personnage central. Il se trouve dans les pièces de Shakespeare sous la forme du bouffon amuseur du roi qui est le seul à dire la vérité au monarque, dans les tragédies et aussi dans les récits africains où sa parole est considérée car émanant d'un être innocent. L'ivrogne qui cherche l'oubli dans le vin est aussi un personnage récurrent. Dans l'œuvre de Monénembo, il est un personnage assez constant. *Les Ecailles du ciel* (1986) présente un narrateur dont on ne sait presque rien sauf que c'est un habitué des bars et que son discours est en général déformé par l'alcool. Dans *Pelhourino* (1995) le narrateur est toujours ivre-mort, toujours en état semi-comateux mais il est dédoublé. Cette tradition romanesque se rattache au célèbre roman d'Amos Tutuola, *L'ivrogne dans la brousse* (1952), traduit en français par Raymond Queneau (1953). Il a son écho dans la jeune génération avec *Verre cassé* (2005) d'Alain Mabanckou et bien d'autres. Le père, juste avant le massacre, a vidé une gourde de vin de palme et en aurait bien entamé une autre sans l'intervention de sa femme. Ses paroles proverbiales résonnent dans le souvenir de Faustin perpétuant la protection paternelle :

> « Comme le disait mon bon Théoneste de père : "la saveur de la vie est dans le fruit interdit, même les Blancs le savent" » (p. 91).
>
> « Et mon pathétique Théoneste de père l'avait sûrement déclamé, une de ces nuits où la récolte s'était avérée bonne, il se saoûlait la gueule et composait des chansons pour ses vaches et pour les lieux de nos anciennes épopées » (p. 103).
>
> « La fable de mon vaurien de Théoneste de père est encore fraîche dans ma tête : "Mensonge et Vérité sont les premiers habitants de la terre. Vérité est le frère aîné mais comme Mensonge est le plus doué, eh bien, c'est lui qui mène le monde". N'oublie jamais ça, petit ! » (p. 104).
>
> « Un village sans idiot est un village sans avenir » (p. 120).
>
> « "Les oreilles du lapin sont très longues, elles s'allongent davantage quand même à l'approche des grands fauves", disait Théoneste mon père » (p. 133).
>
> « Comme disait Théoneste mon père, "le borgne est plus proche de l'aveugle que des gens bien portants" » (p. 136).
>
> « Ça veut dire pas grand-chose, Hutu, Tutsi, c'est comme si tu perdais ton temps à comparer l'eau et l'eau » (p. 139).

> « Et tu crois toi que c'est l'ennemi qu'il faut abattre ? Ça se voit que tu n'as rien compris à la parole des anciens. Si tu hais un homme, laisse-le vivre, voilà ce que disaient les Anciens » (p. 142)

Ce sont les dernières paroles prononcées avant le massacre. Les qualifiants qui accompagnent le nom du père, pathétique, vaurien, bon, signalent un rapport affectueux et reconnaissant.

Alors que tous désespèrent, il continue à croire en un futur possible. Il refuse de quitter sa femme et son enfant alors qu'il aurait pu le faire et il meurt debout sous les coups de machette qui lui sont assénés. Tout comme le Siméon de *Murambi,* sa sagesse est un rempart contre la folie meurtrière. Il croit jusqu'au dernier moment pouvoir échapper au massacre et garde un optimisme surprenant. Hutu, il aurait pu fuir mais il préfère rester avec sa famille. Le texte évite ainsi un clivage manichéen entre les deux groupes ethniques puisque Théoneste, sans être un modèle de vertu puisqu'il boit régulièrement, est un mari et un père présent et soucieux du bien de sa famille. Cela correspond aussi à la réalité « ethnique » du Rwanda puisque les familles « mixtes », comme celle de Faustin, sont fréquentes. Ce personnage assez proche de cousin Samba représente un modèle de sagesse assez courant dans les récits. Il commente sans se laisser entraîner, mu par sa propre logique, ses propres valeurs qui, en ces temps de déréliction, semblent bien être les seuls garants de son équilibre et de celui de sa famille. C'est lui qui a fabriqué le lance-pierres que Faustin veut échanger, lui aussi qui a confectionné le cerf-volant de son fils.

La mère, Axelle semble beaucoup moins présente. Mais on sait, par les récits du père, qu'elle l'a choisi parmi d'autres prétendants tutsis comme elle et que cette attitude est la meilleure réponse à tous ceux qui prétendent à la supériorité de leur groupe. Bonne épouse, bonne mère, elle est dure à la tâche :

> « Ma mère était une épouse comme beaucoup auraient aimé en avoir : discrète, dure à la tâche, soumise à son mari, telle une bienheureuse esclave. Elle ne s'offusquait jamais de rien : ni des corvées que le voisinage nous faisait faire, ni des quolibets adressés à son mari. D'ailleurs le village était injuste à l'égard de Théoneste. Il était ivrogne, d'accord – comme la plupart des voisins du reste – mais c'était un homme honnête qui savait tout faire. Une nasse pour capturer l'anguille, un toit à réparer, un champ à sarcler, une houe à rafistoler ? On passait voir Théoneste avec une gourde de bière de banane et c'était comme si le travail était déjà fait. Ses champs étaient les mieux entretenus du village et ses pourceaux, ma foi, étaient gras à traîner le ventre par terre » (pp. 119-120).

La description glisse de la mère au père. Après l'avoir qualifié de « bienheureuse esclave », le narrateur va énumérer toutes les qualités de Théoneste qui, malgré son penchant pour la bouteille, avait beaucoup de qualités et qui était apprécié de tous.

Les autres personnages rwandais

Funga, le sorcier. Il échappe aux catégories car il a un pouvoir particulier et une vision prémonitoire sur ce qui l'entoure : il serait, en quelque sorte, la voix du Rwanda ancestral. Il surgit au début du récit et aussi à la fin pour enjoindre Théoneste à sortir de l'église. Il va fuir avec les rescapés. On ne sait s'il est hutu ou tutsi. Il incarne une sagesse éternelle qui défaille cependant devant la folie meurtrière des hommes. Il jette alors tous ses gris-gris, conscient de son impuissance.

IL y a aussi les enfants, ceux qui entourent Faustin et qui peuplent maintenant les rues des villes et les routes de campagne.

Sembé mort du sida à quatorze ans : une tendresse réelle le liait au petit garçon :

> « Sembé, je n'oublierai jamais ses jambes cagneuses et ses petites dents de souris, pointues et si espacées que j'aurai pu mettre une mine de crayon entre la canine et l'incisive ! [...] Et voilà qu'il arrondit le dos, mon petit rat, posa sa poitrine sur son baluchon et tourna vers moi ses petits yeux énormément saillants qui n'ont jamais connu la peur » (pp. 32-33.).

Aucune fille ne voulant de lui, Faustin lui suggère d'aller voir Mukazano la folle qui acceptait des relations sexuelles avec tous ceux qui se présentaient : les portefaix, les ivrognes, les camionneurs de passage. Aussi Faustin se sent-il responsable de sa mort.

Musinkoro, robuste garçon à la joue tailladée, défie Faustin à l'*isigoro*, jeu qu'il apprécie tout particulièrement. Il perd et Faustin lui prend tous ses objets de valeur dont la gourmette en argent ; ils en viennent aux mains, sont mis au cachot en punition et en ressortent amis. Il le retrouve plus tard au QG et ils s'embrassent comme des frères : « L'*itumba* (la saison des pluies) avait purifié mon âme et celle de Musinkoro pour nous réunir dans le feu d'une nouvelle parenté » (p. 50). C'est lui qui va entraîner Faustin dans le QG où il sera heureux. Mais c'est lui aussi que Faustin tuera parce qu'il abusera de sa sœur.

Msîri, Ezechiel, Tatien, Ephrem, Casinius sont les autres garçons du QG, voleurs à la tire pour survivre, gamins débrouillards couverts de loques et de vermine qui tentent d'échapper à la faim et à la mort.

Josepha, Alphonsine, Gabrielle, Emilienne sont les plus jolies des filles et Faustin les « culbute » de temps en temps. Ce petit groupe d'enfants se constitue pour échapper aux dangers que les menacent. Ensemble, ils sont plus forts et ils se mettent spontanément sous l'autorité du plus âgé ou du plus malin.

Une place à part doit être réservée à ***Claudine*** qui, à travers les descriptions fantasmées de Faustin, apparaît surtout comme une femme désirable qui hante les rêves du jeune garçon. Elle est en fait employée d'une organisation humanitaire et tente d'aider les orphelins. Mais tout en elle attise le désir de Faustin. En effet, dans cet univers de précarité, les enfants ont très tôt des rapports sexuels. Faustin lui-même parle des filles qu'il « culbute » le soir en rentrant au QG. Il joue à l'homme et, en suivant les indications données, on peut en déduire qu'il n'a pas plus de 12 ans. Dans un monologue intérieur, il « agresse » » symboliquement Claudine, venue l'aider :

> « Attention, madame, je suis plus ce que vous croyez ! Demandez donc à Gabrielle, à Séverine, à Alphonsine ! Je les ai toutes culbutées ! De tous les potes, je suis celui qui

> a la chose la plus longue. Quand je me mets vraiment en tension, elle dépasse la longueur dune cuillère à soupe et elle emplit ma main quand je me fais plaisir devant les vendeuses de bière de banane » (p. 28).

Cette virilité affirmée de façon naïve lui permet de se construire une personnalité de substitution. Enfant perdu à la recherche de ses parents, il devient un petit homme aux rêves érotiques qui interprète à sa façon la relation qui le lie à Claudine. Cette auto-représentation fantasmée lui permet de survivre. C'est aussi en tant que chef de famille soucieux de protéger les siens qu'il sera jugé et condamné. Son ton agressif au tribunal découle de la même personnalité « virile » qu'il s'est construite en ne prenant que les aspects les plus apparents : agressivité, arrogance naïve et à la limite un peu grotesque. Mais ces apparences sont pour lui un acte de survie et d'estime de soi.

Claudine veut lui venir en aide. Elle le place dans l'institution des Anges bleus et il y reste mais, ne supportant pas cette infantilisation et la discipline stricte, il s'enfuit après avoir pillé le poulailler pour revenir au QG. Après son crime, c'est encore Claudine qui lui procure un avocat et qui tente de le sauver. Encore une fois, il interprète mal ce geste et ne cesse d'imaginer qu'il va posséder celle qui se conduit en mère. Ces fantasmes qui nient toute relation filiale à Claudine sont peut-être la marque d'une fidélité exclusive à l'égard de sa seule mère, Axelle qui est morte dans l'église de Nyamata avec son père Théoneste. Des pulsions violentes le poussent vers Claudine ce qu'il exprime de façon volontairement triviale.

> « Ses seins étaient plus gros, plus dignes d'être palpés et mordillés que la dernière fois. Elle portait un pagne couleur chair qui se fondait dans son teint et collait si bien à sa croupe que, chaque fois qu'elle faisait un pas, j'avais l'impression qu'elle était nue et que c'était la peau de ses augustes fesses qui frémissait devant moi. Je réalisai pour la première fois que cela faisait trois ans.
>
> Trois ans que je n'avais pas baisé ! » (p. 35)

Ce petit jeu amoureux permet à Faustin de retrouver sa dignité alors qu'il devient l'obligé de Claudine. Il transpose dans le domaine de la séduction ce qui n'est que l'aide à un enfant en détresse. Cela lui permet de garder sa fierté et d'affronter les événements. Il le dit sans ambages : « Elle s'était peut-être décidée à me voir tel que j'étais : une belle ordure et non le petit martyr que son esprit compliqué s'était inventé tout seul » (p. 87).

Lorsqu'il la retrouve, il perd pied

> Elle fit pivoter sa chaise. Le face-à-face fut brusque, inattendu. Je pris mes jambes à mon cou. J'aurais certainement atteint la cour si je n'avais pas été arrêtée par le planton dans le vestibule. (p.30)

Elle était née en Ouganda où ses parents s'étaient réfugiés après la première saignée en 1959. Elle aurait donc environ 35 ans. Elle affirme son identité rwandaise car, dit-elle à Faustin, ses parents ont veillé à ce qu'elle sache tout : La langue, la danse des *intore,* le jeu de l'*isig*oro et les haricots au beurre rance (p.31) On connait même son patronyme Karemera. Elle parle un peu comme une étrangère citant toutes les merveilles du pays alors que Faustin est troublé par sa présence.

En remontant le temps, il se remémore leur première rencontre :

> C'était elle : Claudine ! (p. 56)

Alors qu'il est accusé de vol, elle s'interpose et invective ceux qui le maltraitent. Et tout de suite il tombe amoureux. Lorsqu'elle découvre le QG et le visite, il s'exprime crûment

> J'aurais bien aimé la griffer et, une fois ma crise de jalousie assouvie, la renverser là devant tout le monde et me vautrer dans son corps. (p. 61)

Alors qu'il est emprisonné, elle revient et lui procure un avocat. A nouveau des pensées impures hantent l'imagination de Faustin qui, à chacune de leurs rencontres, s'imagine qu'il se jette sur elle pour une étreinte passionnée. Bien que Faustin ne soit pas un enfant-soldat et qu'il ne soit enrôlé dans aucune armée, sinon celle de la survie , dès qu'il aura un revolver, il se sentira autre. Contrairement aux textes qui mettent en scène des enfants-soldats comme Birahima de *Allah n'est pas obligé* ou *Johnny chien méchant* de Dongala, la sexualité dans cette œuvre opère sous forme de fantasme. La fierté de l'enfant concernant sa virilité traduit la fin de l'enfance. *Enfants du diable plutôt que du Bon Dieu* comme les désigne Birahima, gavroches des pays africains (Nganang, 2007 ; 272-273), ces enfants ont une conception tragique des rapports sociaux . Aucune relation avec les autres n'est envisageable sinon à travers des relations sexuelles. Déviation de ceux qui désespèrent des rapports humains.

C'est à ce double niveau de signification que vont évoluer les deux personnages, Claudine voulant aider Faustin au nom des sentiments humanitaires et l'enfant pris dans son délire transposant dans le domaine de la séduction les liens qui les unissent.

Maître Bukuru

L'avocat a été choisi par Claudine. D'emblée, il déplait à Faustin. Il est vieux et fume la pipe. Il tente de faire son travail et de défendre l'enfant accusé d'être un génocideur.

Les Européens

Ils sont peu nombreux dans le récit ce qui correspond à la réalité. Mais certains des personnages sont des archétypes et représentent des catégories : Le père Manolo qui évangélise les Rwandais et les détourne de leurs croyances ancestrales, l'Italienne femme dévouée qui est venue chercher en Afrique une raison de vivre, M. Van der Poot, pédophile qui satisfait ses fantasmes, Rodney l'aventurier. Au total peu de personnages blancs mais suffisamment représentatifs.

Les Blancs sont cause de tous les maux selon le sorcier Funga. Ils ont déplacé le rocher de la Kagera et « voilà pourquoi, ils nous ont vaincus et voilà pourquoi les cataclysmes » (p. 19). On ne peut pas communiquer avec eux :

> « Nos mondes ont été faits comme si les pieds de l'un étaient la tête de l'autre. Eux, ils sont francophones, belgeophones ou suissophones. Nous on parle seulement kinyrwanda. Hutus, Tutsis, Twas tout le monde il parle kinyarwanda » (p. 92).

Les deux Blancs les plus importants dont les noms reviennent sont d'abord le père blanc, ***le père Manolo*** celui-là même qui a converti Faustin, qui meurt dans la cathédrale de Kabwayi, en direct à la télé et sous les pieds du pape alors qu'il avait échappé à la méningite et à un grave accident. Et puis ***l'Italienne, Tonia Locatelli***, dont la maison jouxte celle des parents de Faustin et qui avait laissé des mots de sa langue dont Faustin et les petits se sont souvenus. Elle se fait tuer devant sa propre maison :

> « Tout le monde savait qu'elle allait mourir. Personne n'a rien fait. Elle savait ce qui allait se passer. Elle avait appelé au secours sur la radio des Français, sur la radio des Américains, sur la radio des Hollandais, personne n'a rien fait. Un beau soir, les chiens sont venus armés de machettes et de gourdins. Elle a tenté de fuir vers l'église. Ils l'ont rattrapée dans la cour. Ils l'ont tailladée de partout et ils l'ont abandonnée sur les graviers où elle s'est vidée de son sang sans que personne bouge » (p. 18).

Tonia Locatelli a réellement existé et c'est son triste destin que raconte Monenembo. Elle avait vainement tenté d'alerter la communauté internationale avant de succomber. Sa mort revient comme une litanie. La communauté internationale, prévenue depuis longtemps, n'a rien fait, n'est pas intervenue. C'est Funga le sorcier qui, en termes clairs (mais croit-on à ce qu'il raconte ?) dresse tout un réquisitoire contre ceux qui ont abandonné le Rwanda à son sort. Les pères ont fui vers le Burundi.

La Hirlandaise, Una, tout comme l'Italienne tente d'aider les enfants abandonnés. Mais elle ne s'entend pas vraiment avec Faustin. Elle lui répond vertement et ses paroles résonnent comme une agression. Vite déçue, elle quittera le pays après la fuite de Faustin.

M. Van der Poot, « blanc, flamand et belge, ce qui fait qu'il ignore trois fois plus que les autres nos manières de vivre à nous » (p. 81), aime sa femme mais aussi les paralytiques et même les enfants. Pour tout dire, il est *pédrophile.* Il est mis en prison.

Un autre visage du Blanc plus séduisant en apparence et correspondant à la réalité, c'est ***Rodney***, l'aventurier qui travaille pour des médias et qui est venu pour couvrir le génocide. Faustin le rencontre dans la rue et dans la ville complètement détruite et désorganisée. Il le conduit dans un quartier chaud où il peut rencontrer des femmes :

> « La vérité c'est que Kigali n'avait même plus de bordel. Les Avènements ont emporté avec eux tout ce qui compte vraiment : Les marchés, les églises, les bordels aussi. Fallait du temps pour que tout cela se reconstruise » (p. 95).

Les femmes ne sont pas des professionnelles, elles se prostituent « pour entretenir leur marmaille vu que le mari n'était plus là : en prison quand il était accusé de génocide ou dans une fosse commune quand c'était l'inverse » (p. 96).

Rodney représente le Blanc libre de préjugés, mais un peu cynique, aventurier et vendant ses films aux différents médias. Il n'est pas dupe de la situation, se définissant lui-même « comme un gros chien de merde » (p.98). Il ajoute :

> « Nous ferons ce qu'ils appellent les sites du génocide. Les sites industriels, les sites touristiques, maintenant les sites du génocide !... Qu'est-ce que tu veux, brother, les morts sont de grandes stars, même quand il ne leur reste plus que le crâne » (p. 99).

Les médias, sans scrupule et sans état d'âme, utilisent l'enfant et il se prête malicieusement à ces jeux en les trompant et en entrant dans leurs scénarios.

> « Le lendemain on m'offrit un copieux déjeuner avant de me filmer au milieu des crânes entassés sur des tables, des ossements et des habits ensanglantés, fourrés dans des sacs en plastique ou éparpillés dans les champs ou au milieu des immondices » (p. 108).

Alors Faustin leur raconte des histoires complètement inventées.

> « Dans des endroits où je n'avais pas mis les pieds, je reconnaissais tout de suite la masure calcinée d'où l'on avait extrait mes parents ; la cour d'hibiscus où on leur avait coupé les jarrets ; le préau de l'église où on les avait éventrés ; la vieille brasserie de bois où l'on avait fait de la bière de banane avec leur sang ; le fourneau où l'on avait grillé leurs cœurs et leurs intestins avant de les assaisonner de piment pour le déjeuner des assaillants qui s'étaient montrés les plus braves » (p. 109).

Rodney sort de la vie de Faustin au moment où celui-ci va être emprisonné mais il aura toujours le même comportement cynique. Il ne se préoccupe pas de l'enfant, il l'utilise pour qu'il le conduise :

> « Maintenant que te voilà riche, tu peux aller où tu veux sniffer de la colle ou te foutre une piqûre. Fais-le si tu veux, fais-le sans que je te voie. C'est pas la morale qui me fait dire ça. C'est pour que moi je n'aie rien à me reprocher au cas où tu en crèverais » (p. 101).

C'est le type même de l'aventurier blanc faussement gentil qui a couru la planète de Manille au Rwanda partout où une actualité sanglante pouvait lui procurer du profit.

Les péripéties de la triste histoire de Faustin parviennent au lecteur avec sa voix d'enfant.

Moyens artistiques privilégiés pour une mise en fiction

L'enfant-narrateur

Les critiques se plaisent à remarquer que depuis 1980, il y a dans les textes de l'Afrique subsaharienne, une propension à donner la parole à des enfants, ce que l'on pourrait appeler l'enfant-narrateur. C'est une stratégie énonciative assez fréquente dans le roman occidental comme l'illustre *L'Enfan*t de Jules Vallès (1879) ; et, ce qui me semble l'exemple le plus abouti, *La vie devant soi* d'Emile Ajar (alias Romain Gary), récompensé par le Prix Goncourt, qui raconte dans un style faussement naïf et déconstruit la vie angoissante d'un petit garçon arabe Momo confié par son père à une vieille prostituée juive Madame Rosa. Entre ces deux êtres va se tisser une relation d'amour.

Le narrateur-enfant provoque chez le lecteur des attentes spécifiques. Il conçoit d'emblée une sympathie inhabituelle pour l'enfant surtout si la vie le malmène et l'expose à des événements hors-norme. Une voix d'enfant traduit, outre une certaine naïveté, une sorte d'incompréhension vis-à vis des actes des adultes. Cette distance, ce regard oblique permet de mieux dire, sans sembler le faire, le chaos d'un monde déréglé. Dans le contexte des littératures africaines, il est coutume de penser que l'autobiographie est un genre « emprunté », l'expansion de soi ne convenant pas à la société africaine qui fonctionne d'abord sur le mode du groupe. Ainsi, l'autobiographie en deux tomes d'Amadou Hampaté Ba, *Amkoullel, l'enfant peul* et *Oui, mon commandant*, annonce dès l'avant-propos qu'« en Afrique traditionnelle, 'l'individu est inséparable de sa lignée » (Hampaté Ba, 1992 : 19). Mais de plus en plus, les modes de narration se répandent et les écrivains, exilés ou migrants, retrouvent d'autres façons de raconter.

Les enfants étant les plus vulnérables, ce sont eux qui sont d'abord affectés par les bouleversements mais c'est dans les régions les plus pauvres et les plus politiquement instables, comme beaucoup de pays d'Afrique, qu'ils prennent les formes les plus spectaculaires et semblent les symptômes d'une véritable mutation sociale. Quelle distance depuis *L'enfant noir*(1953) de Camara laye à Birahima *d'Allah n'est pas obligé* de Kourouma (2000), Johnny de *Johnny chien méchant* de Dongala (2002) et Faustin ! Le héros de Camara laye évoluait dans une société traditionnelle, un monde sécurisé et heureux. Les personnages des derniers romans sont emblématiques d'un monde inquiétant, en perte de repères où les frêles silhouettes des enfants sont perdues dans un univers à la dérive.

Dans *L'aîné des orphelins*, deux tracés narratifs se superposent et s'entrecroisent :

– Le parcours de Faustin à partir du 15 avril, date du génocide, son errance jusqu'au meurtre et à la condamnation ;

– La vie de Faustin et de sa famille avant le 15 avril.

La date du 15 avril a bouleversé l'ordre du monde. Tout a changé.

L'œuvre *Cinéma* use de ces mêmes stratégies narratives. Le texte est divisé en neuf chapitres. La totalité du récit est prise en charge par le narrateur autodiégétique, l'adolescent Binguel. Comme dans le cas *d'Un rêve utile,* Binguel est donc responsable de l'énonciation du texte. Sa voix et sa vision particulières – que lui confère son âge, entre l'enfance et l'âge adulte – déterminent la vocalité du texte, et l'ethos qui la soutient. On doit tout de suite distinguer entre deux récits du narrateur : une partie du texte, qui est présentée la première au lecteur, est consacrée au récit de l'action en cours, fait au présent de l'indicatif, et dans lequel la focalisation est principalement synchrone. Binguel raconte les événements dont il est témoin, au moment même où il en est témoin. Dans les premières lignes du texte, l'effet d'illusion de l'entrée directe du lecteur sur la scène du récit est manifeste :

> « Rompant avec sa funeste habitude, Benté, aujourd'hui, ne lance aucun projectile. L'étourdi! [...] Que fait-il soudain des palissades et des toits, ce fieffé amateur de cascades! Pourtant, non, il ne s'agit pas d'un autre, c'est bien lui que j'aperçois depuis le vieux poteau de fonte [...] en haut duquel je me cache, blotti comme un sajou » (p. 11).

Non seulement l'usage du présent de l'indicatif, mais aussi l'emploi d'aujourd'hui donne une certaine immédiateté au récit. Le récit de Binguel se situe deux ans après l'indépendance de la Guinée, à la fin de l'année 1960, dans la petite ville de Mamou, dans la région peule du Fouta-Djallon. Les événements narrés commencent en début de soirée, et se poursuivent jusqu'au lendemain matin. Binguel, âgé de quatorze ans, y prépare un attentat contre Benté, son camarade d'errance et mentor, de quelques années plus âgé que lui, et qui se fait appeler *Oklahoma Kid.* Cachant un revolver dans sa poche, Binguel attend le moment opportun, alors que Benté et lui vaquent à leurs activités habituelles, pour éliminer et prendre la place de celui qu'il s'est mis à considérer comme un Pygmalion tyrannique dont il n'a plus besoin. Au cours de cette soirée, les deux camarades se livrent à des activités de délinquance. Deux récits se déploient en parallèle et en alternance, celui du présent et celui de l'avant, rétrospectif. Il est intéressant de noter que nous avons un peu la même composition dans *L'aîné des orphelins*, sauf que l'alternance est moins réglée, sans doute à cause du sujet. Quand Faustin se présente, il a quinze ans, il est en prison (p. 14). Puis il revient sur le passé. Il venait d'avoir dix ans (p. 15). Trois ans de prison (p. 25) Et sans doute deux ans de déplacements et de pérégrinations. Le récit actuel est introduit par des temps au présent. Le passé simple et l'imparfait sont utilisés pour le passé. Le récit au présent sert de cadre à l'évocation d'une époque qui fut d'abord heureuse puis a tourné à la catastrophe. Dans *Cinéma,* l'évocation du passé sert à décrire un état de maturité progressive et en même temps les changements qui affectent le pays, la Guinée.

Ce rapport sert à mettre en évidence la détresse de l'enfant et le destin qui lui est fait alors qu'il est livré à lui-même. En cela il ressemble au *picaro* dont il a à la fois la ruse et la naïveté. Miséreux, orphelin, vite en marge de la norme, il vagabonde sur les routes en quête de ses parents. Même si le Rwanda n'est pas plus étendu que deux « enjambées d'éléphants » comme il le dit lui-même, il le parcourt au point d'en oublier les étapes. « Je ne me souviens plus où c'était : Muhazi, Rutongo, Kayonza ou quelque faubourg de Kigali » (p. 16). Mais contrairement au *picaro*, il a un code d'honneur, les proverbes hérités de son père lui servant de garde-fous. Il se comporte comme un enfant encore près de ses parents même si son comportement avec Rodney manifeste une certaine malice puisqu'il se plie aux règles du jeu pour satisfaire les Européens et leurs médias. Il se crée une image d'homme viril qui se satisfait auprès des fillettes du QG et tombe amoureux de l'assistante sociale Claudine lorsqu'elle veut l'aider, attendant chacune de ses apparitions comme un soupirant éconduit. Au procès, son comportement agressif et volontiers irrévérencieux le fait condamner. Mais il a un certain sens moral selon son propre code. Il juge très mal les « pédrophiles » :

> « Nos gars à nous n'ont rien de pédrophiles. Ils ne savent même pas ce que c'est, pour y porter un jugement. Rien de plus naturel dans nos collines que de marier une pubère ou de la sauter à la première occasion quand on vit en ville. On en voit passer une dans la rue ? On ne se contente pas de se rincer l'œil. On touche sa croupe, on palpe ses seins sans craindre les juges ou l'œil intransigeant du Christ » (p. 85)
>
> « Un Blanc qui pleure, ça ne fait même pas pitié. C'est vrai que par ici, des Blancs qui pleurent, on n'en avait jamais vu, comme si toutes les larmes du monde avaient été faites pour nous autres Noirs » (p. 84).

Ecrire le génocide

Les romans d'Afrique subsaharienne ont toujours été très liés à l'Histoire pour des raisons multiples dont la principale était qu'il fallait opposer un démenti formel à ce qui avait été écrit à propos des Africains par les Européens qui, sur la lancée de Hegel, les décrivaient comme des peuples sans Histoire. Dès les premiers textes comme *Batouala, véritable roman nègre* de René Maran (1921), et jusqu'aux plus récents, cette tendance s'est affirmée comme une constante. L'œuvre magistrale de Yambo Ouologuem, *Le Devoir de violence* (1968) racontait la chronique historique des Saïfs. Pour témoigner du présent, il est toujours nécessaire de reconstituer le passé. Aussi parle-t-on volontiers de l'engagement de l'écrivain africain, engagement d'autant plus affirmé que de nombreux romanciers et poètes occupaient des postes politiques dans leurs pays ou bien prenaient le chemin de l'exil pour échapper aux dictatures sanguinaires. En marge et loin, comme le dit Monénembo, écrire devenait une manière de prendre part encore aux affaires du pays. Mais l'Histoire est plus ou moins « lourde » à raconter, à reconstituer : écrire sur un génocide n'est pas chose simple. La représentation artistique d'un événement caractérisé par une violence extrême pose des problèmes de conscience difficiles à résoudre. Et très souvent, la littérature sur les génocides est mise en cause au nom de la morale. Comment mêler un projet de création fictive et de représentation littéraire à une souffrance infinie ?

L'historien cherche la construction d'un savoir et se penche sur l'événement pour comprendre et expliquer les causes. Le romancier comble les vides en imaginant des vies, là où les faits se présentent avec sécheresse et brutalité, en imaginant des personnages qu'il veut rendre aussi crédibles que possible, en choisissant des successions de faits qu'il doit rendre vraisemblables. Son discours se construit à partir de l'effet de fiction qui s'articule sur ces *êtres de papier* dont on imagine les préoccupations et obsessions à la source de la perception du monde et de la vie même si, dans le cas présent, elle est fracturée. Dans le cas du génocide, le roman ne prend sens que par rapport à une réalité historique dont l'auteur veut témoigner. Et cet objectif du témoignage a bien été le cas du projet, *Ecrire par devoir de mémoire*, de Fest'Africa.

Les écrivains tentent de trouver des moyens de dire suffisamment efficaces pour transmettre leurs messages et rendre l'horreur des situations vécues en ayant recours à des allégories ou à des métaphores. Tout se passe comme si chaque écrivain pensait « à une fiction qui serait aussi éclairante que la vérité » (Semprun, 1994 : 175).

Les rapports du roman et de l'Histoire ont été souvent étudiés mais dans le cas d'un génocide, la relation est plus complexe. Retracer l'épopée napoléonienne comme le fait Stendhal dans *La Chartreuse de Parme* ou Balzac dans *Le colonel Chabert* est sans doute moins contraignant que d'évoquer une extermination programmée et accomplie de sang-froid. La conscience se révulse à l'idée de tous ces crânes empilés sur des tables ou formant le soubassement d'un terrain de foot-ball. L'horreur des situations vécues constitue un obstacle à la mise en fiction et on comprend bien les réticences du Djiboutien Waberi que nous avons rappelées précédemment.

Monénembo, quant à lui, évoque avec beaucoup de retenue, les cohortes humaines fuyant sur les routes dans un silence hébété et le sorcier qui tente de les suivre, tremblant sur ses vieilles jambes. Ce sont des images fortes qui dans leur pudeur, laissent des traces dans la mémoire, rejetant dans des temps immémoriaux ces craintes et ces fuites. Il compare alors ces files de fuyards à une procession, assimilant par ce mot ces exodes massifs à un rite sacré. Mais le principal reproche fait à ces récits est de mettre en avant les bourreaux, de sonder leurs sentiments et ainsi de les humaniser. Monénembo, lui, prend le soin de ne pas les évoquer même dans la scène finale, celle du génocide où seul le brigadier qui cadenasse les portes de l'église est évoqué. Les dégâts causés aux vitres et les déflagrations des grenades, les projections de cervelles sur le plafond, voilà comment le massacre est mis en scène. Le seul Hutu sur lequel le récit s'attarde c'est Théoneste qui choisira de mourir avec sa famille.

De plus on sait bien qu'un récit, quelle que soit sa cruauté, ne peut représenter les souffrances et l'innommable s'ils ne sont pas mis en scène. Il faut une construction dramatique ou tragique, une scénographie de la mort et du mal, pour que ce mal soit perçu. Les œuvres produites grâce à l'initiative de Fest'Africa ont relevé le défi de mettre en mots et en fiction (pour certains le choix a été le témoignage) cette violence inqualifiable. Il fallait briser le « silence assourdissant des intellectuels africains pendant le génocide ; il fallait aussi rompre le monopole du discours médiatique occidental sur les faits et démentir la fausse interprétation de ces faits comme "massacres interethniques" provoqués par une haine séculaire ; il fallait sortir du silence pour lutter contre le négationnisme et pour entamer un travail de mémoire » (Germanotta, 2010 : 6) Des mémorials ont été crées. Les plus importants sont Murambi, Nyamata, Ntarama, Mwulire, Musha et Gisozi à Kigali, le musée-mémorial officiel à partir du mois d'avril 2004. La nature argileuse du sous-sol rwandais a permis la conservation des dépouilles.

Dire le génocide nécessite une écriture sobre ou symbolique. S'attarder sur les descriptions scabreuses ou trop réalistes, c'est courir le risque de trahir le réel en s'y tenant de trop près. Les descriptions de la guerre et des mutilations subies par les soldats faites par Zola dans *la Débâcle* échouent à rendre le réel parce que trop précises. Elles en deviennent presque grotesques. Le tableau le plus éloquent sur la guerre et ses désordres est sans doute *Guernic*a de Picasso que cite dans sa post-face le romancier algérien Mohammed Dib, qui a choisi, lui aussi, de rendre les souffrances des guerres par l'allégorie dans *Qui se souvient de la mer ?* (1962). Comme le souligne Josias Semujanga, le romancier est obligé de contourner le génocide pour mieux le cerner. De fait, l'horreur a un statut particulier dans le roman : elle est à la fois absente et présente. » (Semujanga, 2003 : 112). Pour ne pas essayer de donner des explications et de justifier l'injustifiable, Monénembo évite de parler directement de ce que Faustin nomme lui-même les *avènement*s, attirant néanmoins l'attention en déformant le mot, mais aussi euphémisme destiné à atténuer le côté implacable du génocide. L'horreur apparait comme motif secondaire dans le récit. En fait, à travers l'histoire misérable de Faustin dont les malheurs commencent avec le génocide dont il est un rescapé, confondu parfois avec un génocideur (c'est là tout le débat), les actes horribles qui ne sont pas présentés directement sont inscrits en filigrane. La mort est omniprésente. Les rescapés sont en état constant de survie. Que ce soit dans la prison, dans l'asile ou dans la rue, les espoirs de futur sont minces. Comme le souligne Semujanga, le tour de force de l'auteur est la multiplication des voix (Semujanga, 2003 : 112).

Ainsi, la composition polyphonique du roman le fait échapper aux certitudes et au discours du choix d'une partie des Rwandais contre l'autre. Ces voix multiples transmettent des bribes de réel sans en dévoiler l'ensemble, en rendent le côté instable et mouvant, la réalité impalpable et fuyante. C'est par l'imagination que la littérature peut dire le génocide. La temporalité complexe, les répétitions des mêmes événements repris dans différents registres, les prolepses qui annoncent des événements à venir, les analepses qui ménagent des retours en arrière rompent avec l'enchaînement logique des faits : à l'explication, le romancier substitue le travail d'une mémoire fracturée qui procède par à-coups saisissant dans l'éclair d'un souvenir douloureux des moments de vie heureuse, des bribes de scènes effrayantes qui ne conduisent à aucune conclusion. « Cette crise de la cohérence du récit » (Semujanga, 2003 : 112) tient à l'état instable du héros, secoué par les événements vécus et qui, néanmoins, erre sur les routes, dans la ville, sur les chemins, au hasard des rencontres tragiques ou heureuses. Ce mélange de tons, entre souffrance et dérision décrit un monde désaccordé où dominent la folie et la barbarie des hommes.

> « Ce dire à côté de l'événement rend celui-ci plus saisissable pour le lecteur, comme si le romancier se trouvait investi, peut-être malgré lui, d'une pesante responsabilité de transmettre la mémoire de ce douloureux événement. Ici le dire oblique des choses et des êtres permet l'espace d'une fiction de rendre dicible l'indicible du génocide. En s'émancipant de la voie réaliste, le roman arrive à communiquer une connaissance sur le génocide que les historiens n'ont pu

jusqu'à maintenant transmettre sans tomber dans le pathos » (Semujanga, 2003 : 113)

Monénembo décrit le génocide de façon distanciée au moyen de techniques narratives qui rendent palpable de manière indirecte l'horreur des faits. La vie de l'enfant survivant est complètement bouleversée et malgré son courage et sa ténacité, il ne sort pas vainqueur des événements même si la mort qui le libère lui paraît bienvenue.

Dire la mort

Véronique Tadjo au terme de ses voyages au Rwanda, comme le sujet l'y incite, constate : « La mort est naturelle. Elle est l'autre face de la vie, il ne faut pas en avoir peur. Et pour s'approcher du Rwanda, il faut la mettre de côté. De toute façon la mort n'est pas plus forte que la vie. La vie finit par reprendre le dessus » (Tadjo, 2000 : 133).

Le roman de Monénembo se termine par les mots d'espoir de la vieille femme découvrant l'enfant vivant au milieu des corps démembrés. Cependant, ces paroles interviennent au milieu du récit (l'histoire racontée ou fiction), l'histoire racontante ou narration ayant brouillé les repères temporels. La suite chronologique montre bien que les lendemains de génocide ne chantent pas, qu'ils sont douloureux et que la réconciliation attendue tarde à venir. Des règlements de compte perpétuent l'horreur et même si des tribunaux se montent en hâte et fonctionnent en plein air devant toute la population, le ressentiment est toujours présent. Les orphelins, le corps marqués de cicatrices, les adultes les membres amputés cherchent à aller de l'avant. « Y a toujours de la vie qui reste même quand le diable est passé ! (157)» s'émerveillait la vieille femme qui découvrait Faustin vivant sept jours après les massacres.

Tout au long du texte, comme nous l'avons déjà montré, la mort qui survient délivre des souffrances ou guérit des angoisses de l'attente. A son arrivée en prison, devant l'état des lieux et des occupants, Faustin se dit à lui-même : « Tiens bon, fils de Théoneste ! Encore un ou deux jours et tu auras crevé ; Les morts ne souffrent pas, ils se reposent d'avoir vécu » (p. 27). Et à quelques jours de la mort, Faustin lit de l'admiration dans les yeux des autres garçons :

> « Et c'est vrai, je ne suis pas à plaindre. Tous les hommes proches de la mort revisitent en pensée les grands moments de leur existence : eh bien, en ce qui me concerne, aucune trace de malheur ne me revient en tête. Quinze ans de vie sur terre et au bout du compte, rien à regretter ! Sauf peut-être Claudine, son sourire et ses seins, son parfum et son merveilleux petit derrière ! Mais Claudine aussi j'ai appris à m'en passer. Une fois au bord de la tombe, la pièce est finie. La seule chose qui vous reste à faire, c'est de tirer le rideau. Il suffit d'un petit peu de lucidité pour apprécier toute la farce » (p. 141).

Monénembo donne des accents shakespeariens à Faustin pour envisager sa vie écoulée. Bien sûr, cette assurance semble feinte mais elle témoigne cependant d'une sorte de sagesse peu commune chez un enfant si jeune. Mais n'est-il pas vrai qu'il a déjà beaucoup vécu par les expériences et la souffrance.

La dérision comme rempart

On imagine difficilement que, dans un tel contexte, l'humeur puisse être à la plaisanterie et pourtant ici et là, les traits d'humour fusent, moyen de contourner la souffrance ou de railler le sort. Il faudrait plutôt parler de dérision, sorte de politesse du désespoir. Cette dérision qui pimente beaucoup de romans africains est caractéristique des situations de crise. Ainsi, lorsque Faustin écoute Claudine lui parler du Rwanda, il retrouve ironiquement un véritable cours de nostalgie : les gorilles, les lacs, les collines, les acacias, présentés pêle-mêle comme les aspects les plus remarquables du pays. Discours convenu qui n'émeut pas Faustin et à la question qui revient comme un leitmotiv, « pourquoi en est-on arrivé là ? », il répond insolemment : « Ben, parce que nous aimons ça ! c' est pas la première fois que je sache ! » (p. 31). L'ironie reprend lorsque Claudine essaie de le convaincre d'aller à la Cité des Anges bleus : « Je la laissai supputer sur l'âme insondable des êtres humains et sur les durs aléas de la vie » (p. 32).

Ce que l'auteur, par l'intermédiaire de Faustin raille, ce sont les discours convenus sur la vie et sur les hommes que les spectateurs de passage formulent par embarras ou à défaut de trouver d'autres explications. Et dans ce flot de paroles qui sont autant de lieux communs, la seule phrase qui retient l'attention de Faustin, c'est que Sembé est mort.

Claudine poursuit ou plutôt, comme le dit le narrateur, elle continue de radoter : « Elle en était maintenant au pathétique couplet des enfants séropositifs, ce qui mène forcément aux femmes victimes de viols et de fil en aiguille, au martyr du Christ, à l'injustice faite aux impotents et à la triste solitude des gorilles sur le mont Karisimbi » (p. 34). La dérision vient de cette accumulation de compléments, depuis les enfants jusqu'aux gorilles en passant par le Christ. Bien sûr, tout cela n'est pas sérieux mais pour Faustin, à force d'entendre les mêmes rengaines, les mêmes couplets usés, l'attention se relâche. C'est une façon de railler ceux qui accordent plus d'importance aux gorilles et qui tentent de les protéger sans penser aux enfants mis en danger de mort.

La même ironie informe cette réflexion de Faustin qui vit en volant les portefeuilles bien garnis des Blancs : « Ah, ces pauvres Blancs, ils viennent nous aider à sortir de la barbarie et nous, tout ce qu'on trouve c'est de leur fouiller les poches » (p. 52). Cette allusion à la fameuse « mission civilisatrice de l'Occident » et aux déploiements caritatifs du présent, sert à désamorcer ce que la situation peut avoir de cruel. Les moqueries des enfants sont une manière de réagir à cette prétendue supériorité des Blancs. Lorsque *Miss Human Rights* vient pour les aider, il faut les convaincre qu'elle n'est ni belge ni française et qu'elle n'a rien fait de mal (p. 63). Réflexion cruelle, « elle était gentille mais nous étions bien mieux sans elle » (p. 64). Et plus tard lorsqu'il est à la cité des Anges bleus et que la discipline lui pèse :

> « Là-bas chez elle, les gens avaient sommeil en même temps ressentaient les brûlures de la faim au même moment et, à une second près, l'envie d'uriner leur venait du même coup. Je me rendis compte qu'il était inutile de lui expliquer qu'ici c'était différent : chacun vivait selon son heure même pour aiguiser sa machette » (p. 80).

Le dernier segment de phrase nous ramène à la réalité et confronte ces deux univers qui semblent irréconciliables, la machette étant le symbole du génocide.

A propos de M. Van der Poot, « le pédrophile » :

> « Il travaillait à la coopération belge. Sa femme était comme lui : agent technique. Les Blancs, ils mènent une double vie : chez eux, ils s'occupent de leur carrière ; ici ils s'occupent de nous coopérer » (p. 82).

C'est avec beaucoup de plaisir que le gendarme Froduald le met en prison parce qu'il a refusé de « lui graisser la patte » comme il en avait l'habitude. Les insultes racistes fusent. M. Van der Poot traite le gendarme de « macaque » et l'injurie grossièrement : « le fusil c'est pas aussi facile à manier qu'une machette de coupeur de canne ! » (p. 82). Après un échange d'injures, le commissaire qui n'a pas oublié que sa belle-sœur a été traitée de « boudin noir » et de « sac à merde » va se venger. Il traite le Blanc « d'écrevisse », ce qui plonge la foule des badauds dans l'hilarité car tout le monde accourt pour voir un Blanc en prison, spectacle tout à fait inhabituel.

Inscrire les langues dans le texte

A la lecture du roman, ce qui frappe le lecteur est la langue du texte, telle qu'elle est parlée par Faustin et les personnages ; mais c'est également le méta-discours sur les langues que l'on trouve dans les propos de Faustin. Ainsi, lorsqu'il évoque les langues parlées par les Blancs, il énonce des catégories bien tranchées et établit des comparaisons étranges : « Eux ils sont francophones, belgeophones, suissophones. Nous, on parle seulement kinyarwanda. Hutus, Tutsis, Twas tout le monde, il parle Kinyarwanda » (p. 92).

Cette pseudo-variété de langues qui ne repose sur aucun fondement (ces pays parlant français) est la marque de l'incompréhension entre les peuples exprimée ici de façon naïve. Et la réponse acerbe de la Hirlandaise sert à connoter l'incompréhension : « ça ne vous a pas réussi, parlez donc plusieurs langues, peut-être que vous vous comprendrez mieux ! » (p. 92).

Depuis la parution en 1968-1970 du roman *Les Soleils des indépendances* de l'ivoirien Ahmadou Kourouma, la littérature africaine s'est libérée du carcan des règles strictes de la langue française. Kourouma, selon Daniel Delas, n'a pas été conscient de la Révolution qu'il avait apportée dans les lettres africaines. Pas plus probablement que Camus disant qu'il s'était inspiré pour *l'Etranger* (1942) du modèle Hemingway parce que « ça marchait », ou Céline justifiant son choix d'écriture populiste dans *Voyage au bout de la nuit* (1932) parce que « ça marchait » et qu'il allait pouvoir payer son loyer (Delas, 2012 : 60). C'est le regard critique qui apprécie ces postures d'écriture à la fois identitaires et créatives (Delas, 2012 : 60). Sony Labou Tansi écrivait en « chair-mots-de-passe » pour dénoncer les dictatures sanguinaires et les dérives des gouvernements aux mains de potentats cruels.

Tierno Monénembo, sans apporter la même révolution dans ses écrits, a introduit, dès ses premiers romans, une structure polyphonique traduisant la multiplicité des points de vue, ce qui lui permet de varier les sujets de l'énonciation. En ce qui concerne la langue, il mêle avec bonheur dans ce texte, des mots argotiques, des proverbes rwandais et des mots italiens inscrits dans une narration sobre et contrôlée et des néologismes créés à partir de déformations.

– Argot : le langage des enfants est chargé de mots argotiques :

Garce, saloperie, mec, pine, culbuter, snif, gonzesses, Chie, m'engeuler, Enfoncer le clou (p. 57), bagnole, rigoler etc. Des enfants qui grandissent dans la rue ne peuvent s'exprimer autrement. Ken Saro-Wiva dans *Sozaboy* avait repris une langue tout à fait particulière, celle des enfants-soldats. Il est à noter cette langue de *rotten english*, anglais pourri, mélange de pidgin, d'anglais dégradé et d'expressions nigérianes, a été difficile à traduire en français. La langue de *L'aîné des orphelins* est tout à fait plausible, car chargée de mots argotiques qui ne sont pas des créations récentes mais qui traduisent bien le langage des rues.

– Des mots italiens (ou espagnols) qui sont ceux de l'Italienne assassinée : Chalchiche, kessa, con comme leche, espera, certo

– Pour donner une certaine couleur locale au texte en l'enracinant dans un terroir précis, il donne des mots inscrits en italiques qui correspondent à des éléments précis de la culture rwandaise :

Itumba : saison des pluies
Isigoro : jeux que Faustin affectionne
Umugnigna : arbres épineux
Umutsina : (pâte de banane)
Ubugari : pâte de manioc
Umuzungu : étrangère

Ces mots ont tous une explication dans le texte pour que le lecteur francophone ne soit pas exclu du sens. Ils viennent compléter tous les toponymes qui nous situent géographiquement dans ce pays.

– Des mots empruntés et déformés : « Busenessmen, avènements, taurmatisme ». La déformation que subissent certains mots français rappelle (les deux textes ont paru la même année à deux mois d'intervalle) Kourouma qui avait mis dans les mains de son héros, l'enfant-soldat, Birahima, plusieurs dictionnaires où il recherchait les mots dont il ne connaissait pas le sens. Un enfant ne peut prononcer les mots trop difficiles. Il les déforme, l'exemple le plus clair étant la maladie parasitaire que l'on peut attraper en prison, onchocercose ou cécité des rivières que Faustin déforme en « concerchose ». Il pense l'attraper comme les autres. Le narrateur-enfant nous transmet un monde revu au prisme de ses connaissances approximatives, ce qui crédibilise le personnage tel que Monénembo a voulu le créer.

Ainsi, de la galerie des personnages au choix d'un narrateur-enfant et aux « solutions » que trouve le romancier pour rendre compte du génocide, le tableau est éloquent d'une « réussite » littéraire qui ne soit pas voyeuriste ou irrespectueuse mais qui ancre durablement dans l'esprit du lecteur cet épisode sombre et tragique de l'Histoire de l'humanité.

CONCLUSION

LES ENFANTS DANS LA TOURMENTE LES ENFANTS DANS LA DÉTRESSE

On aurait pu craindre qu'un récit ancré dans une réalité historique aussi insoutenable soit illisible et que la confrontation avec le lecteur se révèle terrible. Or, il n'en est rien. Ce texte contredit avec brio l'interdit qu'Adorno avait porté sur la représentation des massacres et qui a été repris et commenté si souvent, *Ecrire un poème après Auschwitz est barbare* (Adorno, 1986 : 23). Il est sans doute dangereux de mettre en mots une telle souffrance alors que l'urgence selon Adorno c'est de *conjurer le danger* (Adorno, 1986 : 7) C'est avec intérêt, malgré le sujet, que nous lisons les tribulations du pauvre Faustin, jouet des événements dans un monde désaccordé. Monénembo a réussi à donner à son texte des accents de sincérité et a retracé dans l'itinéraire des personnages, la tragédie qui a frappé le Rwanda en 1994. Mais après...

Véronique Tadjo écrivait :

> « Je ne suis pas guérie du Rwanda. On n'exorcise pas le Rwanda. Le danger est toujours là, tapi dans les mémoires, tapi dans la brousse aux frontières du pays. La violence est encore là, de tous les côtés.
>
> La mort et la cruauté » (Tadjo, 2000 :133.)

Nous avons vu que le roman de Monénembo se termine par les mots d'espoir de la vieille femme découvrant l'enfant vivant au milieu des cadavres démembrés. Et même si la justice, à l'image de ce qui s'est fait en Afrique du Sud dans les tribunaux « Justice et vérité » pour sortir des horreurs de l'apartheid, est « rendue », le ressentiment est toujours présent. Les écrivains invités à se rendre au Rwanda et à jeter un regard sur la douleur de l'Autre ont éprouvé un sentiment de gêne comme s'ils faisaient preuve d'indécence en dévoilant les actes vécus. En guise d'excuse et en prévenant les reproches qui pourraient lui être faits, Monénembo place en épigraphe de son texte un proverbe rwandais : « La douleur d'autrui est supportable » et dans la dédicace de son texte, il évoque un mort et des survivants en dédiant son roman indifféremment aux Rwandais, Twas, Hutus, Tusis, vivants de préférence. « Y a toujours de la vie qui reste même quand le diable est passé ! » s'émerveillait la vieille femme qui redonne vie à Faustin : sept jours après les massacres on découvre encore trois survivants, s'exclame la vieille femme.

Beaucoup de romans écrits durant la dernière décennie évoquent la tragédie des enfants en temps de guerre ou pire, en temps de génocide. Ce sont les enfants-soldats comme Birahima d'*Allah n'est pas obligé* de Kourouma et tous ses camarades entraînés dans un conflit qu'ils ne comprennent pas et enrôlés de force dans des armées comme celle de Papa Le bon dans le même roman. Ou bien *Johnny chien méchant* de Dongala où le personnage se transforme jusqu'à n'être plus qu'un assassin incapable de se contrôler. Les enfants se regroupent en bandes pour survivre dans un monde hostile où les périls sont fréquents. Faustin, après la mort de ses parents, se trouve livré à lui-même mais grâce à sa rencontre avec Musinkoro, il va vivre d'expédients et se retrouve au QG situé dans un *no man's land* perdu entre les bidonvilles de Muhima et le boulevard de Nyabugogo ; un bâtiment neuf inachevé qui abritait une bonne vingtaine de gamins des deux sexes dont certains n'avaient pas dix ans. Ils jouent avec des ballons de chiffons et des hochets de carton et Musinkoro a sur eux beaucoup d'autorité. Ils volent ou gardent des voitures pour gagner quelques pièces.

L'énonciation reproduit de façon discrète un langage décalé, vraisemblable d'autant plus que c'est un enfant qui parle, en modifiant certains mots difficiles, « Avènements », euphémisme pour décrire le génocide, « saignée », pour parler des massacres, « pédrophile », « taurmatismes », autant de mots transcrits fautivement car difficiles à prononcer et inscrits en italiques dans le texte. Cette autobiographie fictionnelle nous plonge dans la tête d'un enfant malmené qui n'arrive plus à dépasser tous les malheurs vus, les siens et ceux du pays. Son amnésie lui permet d'oublier la dure réalité et c'est par une sorte d'anamnèse qu'il remonte à la source de son trauma, le massacre dans l'église. Le romancier le suit dans cette remontée de mémoire et pour en rendre le difficile parcours, bouleverse la chronologie en terminant le roman par le massacre initial et concentre la peur – qui aurait pu avoir bien d'autres supports –, dans la peur bleue du couteau :

> « Ce n'est pas parce que ce phacochère de brigadier m'a ôté mon cerf-volant à l'église ni à cause de ce qui est arrivé à mes frères que je délire la nuit. C'est la peur du couteau. Au point où j'en suis, ça m'est égal de crever. Mais grands dieux pas par la lame d'un couteau ! » (p. 92).

Le gouvernement du Rwanda a estimé qu'il y avait 400 000 à 500 000 enfants seuls après le génocide. En 1997 l'UNICEF a rapporté que 3000 enfants étaient itinérants dans les rues de Kigali, vivant de mendicité de prostitution et de délinquance. Après le génocide en 1995, plus de 1400 enfants étaient emprisonnés et en 1998 Amnistie internationale a rapporté que près de 3000 enfants de moins de 18 ans étaient accusés de génocide. Certains étaient devenus enfants-soldats.

Ainsi, le destin de Faustin, rescapé du génocide, errant dans les rues, avant de devenir lui-même meurtrier et jeté en prison, est par les différentes étapes qu'il traverse, le symbole effrayant de tous les malheurs qui touchent les enfants du Rwanda.

La lecture de *L'Aîné des orphelins* nous projette dans cette réalité insoutenable dont la fiction se fait l'écho en une configuration scénique qui laisse dans nos mémoires un témoignage émouvant.

Points de vue critiques sur l'œuvre et/ou sur l'écrivain

« *Indiindé iba kabili/Attends moi existe deux fois* : proverbe rwandais qui rappelle la solidarité naturelle entre parents et enfants. Ce proverbe est souvent cité pour rappeler aux enfants, une fois devenus adultes, l'obligation de protéger leur père et leur mère. »

Extrait de *Sagesse rwandaise et culture de la paix* de Innocent Biruka, Paris, L'Harmattan, 2010, p. 161.
[Cité par Sylvie Bodziak, 2013]

« Il faut souligner l'importance des liens familiaux dans la culture rwandaise, et plus particulièrement ceux qui unissent les parents aux enfants. Cette famille est traditionnellement silencieuse. En effet, le culte à Imana dans le Rwanda chrétien du XXe siècle a fait naître un homme idéal, parfait au cœur simple et qui ne doit pas perturber la communauté par ses cris et ses larmes. Ainsi, comme le rappelle Boris Cyrulnik dans *Autobiographie d'un épouvantail* : « Dans la culture rwandaise, il est indécent de se plaindre ou de pleurer. Les traumatisés se composent une face digne, apparemment indifférente, afin de masquer leur souffrance. Mais le soir à la veillée, ils peuvent dire ce qui s'est passé et raconter comment ils ont réagi, car ils sont assurés que personne ne jugera leur récit d'horreur. Quand un blessé a du mal à s'exprimer ou simplement à dire "voilà ce qui m'est arrivé", il peut en faire un conte que tout le monde écoute avec respect »

[...] A partir de la lecture des écrits du neuropsychiatre Boris Cyrulnik, on oeut voir comment un personnage de fiction, né sous la plume de l'écrivain dans *L'aîné des orphelins*, correspond au cas clinique de l'enfant-épouvantail. »

[Cité par Sylvie Bodziak, 2013]

« Là où le roman africain et antillais réussit le mieux à nous dire la vérité du social, c'est à même le romanesque, à son imaginaire, à même son écriture ou sa poétique. Occasion de rappeler que les écrivains qui se réclament de lui sont aussi et peut-être d'abord de grands fabulateurs, de vrais raconteurs d'histoires. Ainsi forte de ses faux-semblants (dramatiques, pathétiques, psychologiques), la fiction est essentiellement pour le roman africain et antillais contemporain, le mode de lecture des complexités sociales. De là cette observation que l'on peut faire à son propos : ce n'est pas dans ses commentaires sociologisants – mauvaises resucées bien souvent des idéologies du temps – ni dans ses descriptions de "milieux" trop longuement tartinées qu'il dit une vérité sur le monde africain ou antillais. C'est plutôt qu'il invente un univers, là où il dit des rapports humains en des projections qui confinent à l'allégorie, là où il s'approprie les paroles les plus triviales en des artefacts linguistiques, qu'il propose la grille la plus opératoire et la plus perspicace de déchiffrement de la société. Il est donc permis de tenir son entreprise pour un grand laboratoire fictionnel où, au gré de multiples expériences de figuration, l'imaginaire le dispute au "-réel" ».

[Justin Bisanswa et Isaac Bazié, 2004 : 10]

« Après les célébrités bénévoles et les travailleurs sociaux, les protecteurs de l'environnement sont les personnages les plus importants d'Afrique. Gardez-vous de les offenser. Essayez plutôt de vous faire inviter dans leur ranch de safari de quinze mille hectares, ou dans leur "réserve protégée" [...] Tout personnage blanc au teint hâlé en pantalon de toile, ayant un jour adopté une antilope ou vécu dans un parc naturel est un protecteur de l'environnement : il contribue à la préservation de l'héritage africain. Pendant l'interview, ne lui demandez pas le montant de ses subventions, ni le chiffre d'affaires des ses safaris. Encore moins combien il paie ses employés. »

[Binyavanga Wainana, in M. Le Bris
et A. Mabanckou,2013 : 22]

« A la sortie de la commune, le chemin débouche à gauche dans le parc de l'ancienne église de la paroisse. Cette église était la seule architecture moderne de la bourgade. Aujourd'hui ses murs béants et sa toiture grêlée portent les marques d'explosions de grenade. A plusieurs reprises la curie du Vatican a projeté sa réhabilitation et sa réouverture aux offices religieux. Mais les habitants de Nyamata ont décidé de la conserver en l'état et d'y ériger l'un des deux mémoriaux de la région ; car ici eut lieu le premier massacre d'une foule de cinq mille personnes, qui lança la chasse à l'homme dans le Bugesera. »

[Jean Hatzfeld, 2000 : 13-14]

« La problématique soulevée dans ce livre est de savoir si les adolescents et les enfants doivent payer pour les crimes des adultes. Au contraire de ce qu'on peut penser, Monénembo ne cherche pas à exposer les événements du Rwanda ou en donner des explications, ni un responsable.

La forme du récit ne facilite d'ailleurs pas toujours la compréhension, mais plutôt la vie et les sensations des personnes qui ont vécus pendant cette période, en particulier d'exposer l'histoire dans le regard d'un enfant, un adolescent. »

[Claudia B. – 1ereES, Lycée Chateaubriand, de Rome, Janvier 2008 – site du lycée]

« *L'aîné des orphelins* est l'histoire de Faustin, jeune adolescent de 15 ans, condamné à mort pour meurtre et qui attend son exécution dans une prison de Kigali. Les souvenirs des cinq dernières années qui ont suivi le génocide lui reviennent. Souvenirs si douloureux qu'il doit faire des efforts surhumains pour que sa mémoire se rappelle « les fameux avènements ».

Faustin est un rescapé du massacre des Tutsis. Pourtant cette guerre, ses parents ne l'ont pas comprise (mère Tutsi et père Hutu) et surtout ils ne l'ont pas vu venir malgré des signes avant coureurs qui n'étaient pas trompeurs.

Dans son récit, Faustin nous dit comment il a pu continuer à vivre sans ses parents, d'abord dans un orphelinat, puis ensuite ayant retrouvé ses frères et sœurs, parmi d'autres enfants comme lui seuls et livrés à eux-mêmes.

Il dit sans détours et remords leur survie faite de petits boulots, de vols, de mendicité, de drogue ou de prostitution. Il se moque des journalistes, des ONG et des étrangers qui exploitent le sensationnel. C'est avec cynisme qu'il constate que cette guerre civile lui a volé son enfance et le bonheur qu'il connaissait auprès de ses parents dont ils ne restent plus que leurs crânes entassés avec les autres... Devenu adulte avant l'heure, faute de repères, Faustin n'a plus d'illusions. Fataliste mais aussi provocateur, il accepte presque naturellement sa condamnation.

Tierno Monénembo en choisissant Faustin comme témoin réussit un récit dur, poignant, qui démontre l'inhumanité de toute guerre et plus particulièrement des guerres civiles dont les traces restent profondes et souvent inguérissables. »

[Monique Mondoloni, octobre 2009,
www.musanostra.fr/auteurlainedesorphelins.html,
consulté le 3 mai 2013]

DOCUMENTS POUR DÉBATTRE

I – Conférence prononcée par Tierno Monénembo, lors du colloque organisé à Tamanrasset en 2007 : *Sortir du Post-colonial*, organisé par Amina Bekkat, Afifa Bererhi et Benaouda Lebdai (Algérie- Blida, Editions du Tell, 2007).

Le Scribe et la Tour de Babel

L'Afrique est un double bouillon de cultures : en naissant le petit Africain n'attrape pas que des maladies, il attrape aussi toutes sortes de langues. Chez les autres, une langue nationale ; chez nous un multilinguisme infernal ! La légende de Babel ne peut tenir que du côté de Rome ou de Baghdad. ; chez nous le pauvre homme n'aurait rien pu faire : trop d'accents dans l'air et d'idiomes dans le ciment avant même la malédiction divine pour pouvoir élever une tour !

Comment donc se comprendre dans un monde assourdissant où le chœur des langues à clics rivalise avec celui des langues agglutinantes ? Comment diable se retrouver dans ce fouillis inextricable de dialectes et de patois ? Question insurmontable ! Insurmontable pour qui ? Pour les étrangers ! Certainement pas pour les Africains qui sont justement habitués aux vastes brousses et aux jungles.

Pour ces derniers, loin de constituer un handicap ou un scandale, la diversité linguistique passe encore aujourd'hui, pour l'ordre naturel du monde. L'Afrique qui a pourtant généré nombre de peuples, d'empires et de royaumes n'a jamais senti la nécessité d'une langue nationale. Là-bas, la notion de langue morte sonne aussi bizarre que celle de l'éléphant à cinq trompes ou du diable à l'agonie. Pour l'instant on peut dire que toutes les langues africaines vivent puisque même celles qui ne sont plus communément usitées réapparaissent au cours des rites sacrés et des rites sacrés et des transes. Vivent oui mais jusqu'à quand ?

Il y une raison à cela : chez nous, il n'y a jamais eu une langue d'Etat (cela vient hélas, et à quelle vitesse, mon dieu !). Nos souverains qui ne furent pourtant pas des modèles de démocrates eurent néanmoins la présence d'esprit de laisser à chaque tribu ses coutumes et ses langues. [...] Cela donne parfois des situations qui sont hilarantes mais qui sont des modèles d'expression dans le fond. Certains peuples développent tellement le sens de la différence qu'ils n'ont même pas de langue tribale. C'est le cas des Bamilékés du Cameroun ou des Dogons du Mali chez lesquels, on ne se comprend plus d'un village à l'autre. Chez les Dogons, les choses sont d'ailleurs bien plus compliquées que ça : non seulement les langues égalent le nombre de villages mais il y en a une autre pour chaque cérémonie rituelle.

Le milieu crée l'organisme, disent les biologistes : les poissons naissent dans l'eau, la vermine sous le sol et les humanoïdes sur la terre ferme. Eh bien l'effervescent bouillon de parlers africains a naturellement généré une mentalité fort bien adaptée à son milieu. L'Africain, celui d'avant le post-modernisme, en tout cas, est un polyglotte né. Comme l'éponge pour l'eau de mer, il absorbe toutes les langues usitées autour de lui. Il n'est pas rare de trouver chez les bergers et colporteurs des individus maîtrisant parfaitement 5 à 10 langues.

Ce contexte particulier influence singulièrement les notions de langue et de culture. Et ceci est encore plus vrai pour quelqu'un comme moi.

Je suis issu d'un peuple nomade dispersé de la Mauritanie au Tchad. Un peuple de pasteurs qui, dans ses incessantes migrations, croise sur son chemin toutes les races, tous les peuples, toutes les civilisations et toutes les langues de l'Afrique de l'Ouest. Plus qu'un peuple, une confluence, une sacrée confluence : confluence de races, d'histoires, d'imaginaires et de langues ! Ce qui fait qu'il est assez difficile à définir aussi bien pour les sociologues que pour les historiens. C'est un peuple mouvant, si mouvant qu'il est difficile à saisir aussi bien par l'esprit que par la main. Une drôle de nation, vraiment !

Une nation ? Peut-être ! mais alors une nation surgie de nulle part, errante, grouillante, presque aussi virtuelle que le monde que nous vivons. *La race de ceux qui vont et viennent* pour parler comme les Sérères qui sont nos cousins à plaisanterie, a réussi après bien des pérégrinations entre les herbages et les points d'eau à modifier profondément le paysage géographique et humain de l'Afrique de l'Ouest africain mais aussi, elle a fini par imprimer dans la région une forme bien singulière de nation, de culture et de langue.

Par leur mode de vie nomade et leur perpétuelle immixtion dans le territoire de l'Autre (son sol, ses légendes, son dialecte, son sang !) le Peul plus que les autres est condamné à l'altérité. C'est ce sens inné de l'Autre, douloureusement acquis sous le feu de l'Histoire qui lui a permis de traverser les déserts et les forêts, les royaumes et les âges. [...] Alors que la langue peule est avec le haoussa, le yorouba et le bambara, l'une des plus grandes langues d'Afrique de l'Ouest, le Peul est sans doute l'homme qui parle le plus de langues africaines.

Arabe avec les Mauritaniens, Ouolof avec les Sénégalais, Bambara avec les Maliens, Touareg avec les Nigériens, Haoussa avec les Nigérians, Bamiléké avec les Camerounais, Soussou avec les Guinéens... son identité se joue sur une palette, une palette d'identités de cultures de langues, beaucoup plus large que celle dont use Fragonard ou Mirò.

J'ai trouvé dans mon berceau autant de langues que de rêves. J'ai grandi en entendant parler le peul mais aussi toutes les langues qui s'élèvent de la terre de Guinée : le soussou, le malinké, le coniagui, le bassari, le baga, le landouma, le kissi, le toma, le guerzé... Arrêtons ici de les citer car aucune tour de Babel ne tiendrait sous leur nombre. Mon bagage linguistique aurait pourtant été bien simple, s'il s'était suffi de cela. Eh bien non ! Deux événements majeurs (que sur le coup les gens avaient pris pour provisoires voire marginaux) allaient venir compliquer davantage la situation : l'islam et la colonisation européenne.

[...] Les Peuls qui n'avaient pas d'écriture, ont adopté et depuis fort longtemps l'arabe pour transcrire leur langue : c'est l'alphabet adjami que j'ai appris bien avant l'alphabet latin. De sorte qu'il existe une véritable littérature peule de graphie arabe. D'ailleurs au début du XIXe siècle, un de nos rois avait fait de la langue arabe, la langue officielle de on royaume. C'est le poète Samba Mombeya qui réussit à sauver la pauvre langue peule de la disparition.

Quant à la pénétration coloniale et à l'intrusion de la langue française, elle est suffisamment connue de tous pour mériter un historique. Contentons-nous d'observer ce que les contorsions idéologiques de nos nationalistes ont beaucoup de mal à cacher : la langue française est beaucoup plus parlée en Afrique aujourd'hui qu'elle ne l'était au temps colonial et cela, pas seulement chez les Peuls.

Sekou Touré qui se faisait passer pour un grand nationaliste préconisait à juste titre et avec beaucoup de virulence, la décolonisation linguistique du continent ; seulement, il l'a toujours clamé en français. J'étais alors un des enfants auxquels ce discours tonitruant était adressé et encore aujourd'hui, je ne sais pas si cette cruelle dichotomie est un problème ou une solution. Il reste que le très anti-français Sékou Touré est en réalité le plus grand francophone du continent : puisqu'il a écrit 45 livres et fait des milliers d'heures de discours dans cette langue et uniquement dans cette langue. Pour moi, je n'en ai écrit que 9.

Le débat linguistique africain est permanent, virulent, parfois même mortel. Hélas, il a toujours été éclairé en théorie et absolument insurmontable en pratique. Ce débat, j'ai grandi en en subissant les envolées romantiques et les fulgurantes désillusions. Il m'a passionné longtemps (séduit parfois, agacé bien souvent) et puis j'ai fini par m'en lasser comme de toutes les vieilles lunes des années 60 qui ont masqué un moment le dur soleil d'Afrique.

C'est sans doute pour cela que j'ai décidé de me tourner vers la littérature, la langue, la vraie : celle qui réunit toutes les autres : tous les accents, toutes les rimes, tous les poètes, tous les griots, tous les génies.

J'ai lu le Coran, les hadiths du Prophète et les poètes arabes en peul ; Sophocle et Virgile, Shakespeare et Dostoievski, Ahmadou Kourouma et Kateb Yacine. Est-ce pour cela que je suis un aliéné, un acculturé, un affreux petit colonisé mental ? Non. Plutôt un sacré privilégié.

Tierno Monénembo
Tamanrasset, avril 2007

II – Texte rédigé par Yaguine Koita (14 ans) et Fodé Tounkara(15 ans), Guinéens, découverts morts le lundi 2 août 1999 dans le train d'atterrissage d'un avion à l'aéroport de Bruxelles-national

Conakry le 29-7-99

Excellences, Messieurs les membres et responsables d'Europe,

Nous avons l'honorable plaisir et la grande confiance pour écrire cette lettre pour vous parler de l'objectif de notre voyage et la souffrance de nous, les enfants et jeunes d'Afrique. Mais tout d'abord, nous vous présentons nos salutations les plus délicieuses adorables et respectées dans la vie. A cet effet, soyez notre appui et notre aide, soyez envers Nous en Afrique, vous à qui faut-il demander au secours ? nous vous en supplions pour l'amour de notre beau continent le sentiment de vous envers votre peuple, votre famille et surtout d'affinité et l'amour de vos enfants que vous aimez comme la vie. En plus, pour l'amour et l'amitié de notre Créateur « Dieu le Tout-Puissant » qui vous a donné toutes les bonnes expériences, richesses et pouvoirs de bien construire et bien organiser notre continent à devenir le plus beau et admirable ami les autres.

Messieurs, les membres et responsables d'Europe, c'est à votre solidarité et votre gentillesse que nous vous appelons au secours en Afrique. Aidez-nous, nous souffrons énormément en Afrique, aidez-nous, nous avons des problèmes et quelques manques de droits de l'enfant. Au niveau des problèmes, nous avons : la guerre, la maladie, la nourriture, etc. Quant aux droits de l'enfant, c'est en Afrique, surtout en Guinée, nous avons des écoles, mais un grand manque d'éducation et d'enseignement ; sauf dans les écoles privées, qu'on peut avoir une bonne éducation et un bon enseignement, mais il faut une forte somme d'argent, et nous nos parents sont pauvres. La(?) c'est de nous nourrir, ensuite nous avons des écoles de sports telles que football, basket (?). , etc. Donc, dans ce cas, nous les Africains, surtout les enfants et les jeunes Africains, nous vous demandons de faire une grande organisation efficace pour l'Afrique, pour qu'il soit progressé. Donc si vous voyez que nous sacrifions et exposons notre vie, c'est parce qu'on souffre trop en Afrique et qu'on a besoin de vous pour lutter contre la pauvreté et mettre fin à la guerre en Afrique. Néanmoins, nous voulons étudier, et nous vous demandons de nous aider à étudier pour être comme vous en Afrique. Enfin, nous vous en supplions, de nous excuser très très fort d'oser vous écrire cette lettre en tant que vous les grandes personnages à qui nous devons beaucoup de respect. Et n'oubliez pas que c'est à vous que nous devons plaigner(?) la faiblesse de notre force en Afrique.

[Source : chidrights.org]

BIBLIOGRAPHIE

I – Œuvres de Tierno MONÉNEMBO

Les Crapauds-brousse, Paris, Editions du Seuil, 1979
Les Ecailles du ciel, Paris, Editions du Seuil, 1986
Un Rêve utile, Paris, Editions du Seuil, 1991
Pelouhrino, Paris, Editions du Seuil, 1995
Cinéma, Paris, Editions du Seuil, 1997
L'aîné des orphelins, Paris, Editions du Seuil, 2000 (projet Fest'Africa)
Peuls, Paris, Editions du Seuil, 2004
Le roi de Kahel, Paris, Editions du Seuil,
Le terroriste noir, Paris, Editions du Seuil, 2013

II – Ecrire par devoir de mémoire

DIOP, Boubacar Boris, *Murambi le livre des ossements*, Paris, Stock, 2000
DJEDANOUM, Nocky, *Nyamirambo*, Lille, Fest'Africa, 2000.
IBOULDO, Monique, *Murekate*, Lille, Fest'Africa, 2000
LAMKO, Koulsky, *La phalène des collines,* Paris, Le serpent à plumes, 2000
RURANGWA, Jean-marie Vianney, *Le génocide des Tutsi expliqué à un étranger*, Lille, Fest'Africa, 2000.
TADJO, Véronique, *L'ombre d'Imana*, Arles, Actes Sud, 2000

WABERI, Abdourahman, *Moisson de crânes*, Paris, Le serpent à plumes, 2000

III – Textes critiques et témoignages

ALBERT, Christiane, *Francophonie et identités culturelles*, Paris, Karthala, 1999.

BAZIE, Isaac, « Au seuil du chaos : devoir de mémoire, indicible et piège du devoir dire » dans *Présence francophone*, College of the Holy cross, Worcester MA, E-U, n° 63, 2004, pp. 29-45.

BRODZIAK, Sylvie, « Trauma et territoires d'enfance, la figure de l'enfant épouvantail », Communication, Colloque sur le Trauma, Le Mans, Mars 2013 (communication inédite)

BLANCHOT, Maurice, *L'écriture du désastre*, Paris, Gallimard, 1980.

DELAS, Daniel, « Langues et langages dans *Les soleils des indépendances* », in *Textuel*, Université Paris Diderot-Paris 7, n° 70, pp. 57-61.

DUBOIS, Jacques, *Les romanciers du réel. De Balzac à Simenon*, Paris, Seuil, Points essais 2000.

FOUCAULT, Michel, *Les mots et les choses,* Paris, Gallimard, 1966

GERMANOTTA, Maria Angela, « L'écriture de l'inaudible, Les narrations littéraires du génocide au Rwanda », in *Mélanges interfrancophonies*, 2010, en ligne www.interfrancophonies.org

GOUREVITCH, Philip, *Nous avons la plaisir de vous informer que demain, nous serons tués avec nos frères, Chroniques rwandaises*, Paris, Denoêl, Folio documents, 2002.

HATZFELD, Jean, *Dans le nu de la vie, récits des marais rwandais*, Paris, Seuil Points, 2000.

ILBOUDO, Monique, « Comprendre l'incompréhensible », dans J.-P. Karegeye (dir.), Rwanda. *Récits du génocide, traversée de la mémoire,* Bruxelles, Espaces de libeté (La Pensée et les Hommes n° 71), 2009, pp. 235-241.

KEITA, Mohamed, *Approche psychocritique de l' oeuvre de Tierno Monenembo*, Thèse de lettres modernes, Paris Est, Créteil sous la direction de Papa Samba Diop, 2011 (en ligne)

LEBDAI, Benaouda, *Entretien avec Tierno Monenembo*, Tamanrasset, 2007, in Amina Bekkat, Afifa Bererhi, Benaouda, Lebdai, *Littératures africaines au XXIème siècle*, Sortir du Post-colonial, Blida, Editions du Tell, 2007, pp245-248

MONGO M'BOUSSA, Boniface, *Désir d'Afrique*, Paris, Gallimard Continents noirs, 2002.

L'indocilité, Paris, Gallimard, Continents noirs, 2005.

NGANANG, Patrice, *Manifeste d'une nouvelle littérature africaine*, Paris, Homnisphères, 2007

PRSTOJEVIC, Alexandre, « L'indicible et la fiction configuratrice », in *Protée*, volume 37, numéro 2, automne 2009, pp. 33-44.

RINN, Michael, « Avec le génocide, l'indicible », in *Protée*, volume 37, numéro 2, automne 2009, pp. 5-8.

SEMPRUN, Jorge, *L'écriture ou la vie,* Paris, Gallimard, 1994.

SEMUJUNGA, Josias, « Les méandres du récit du génocide dans *L'Ainé des orphelins* », in *Etudes littéraires*, vol. 35, n° 1, 2003, pp. 101-115.

Lire en ligne : http ://id.erudit.org/iderudit/008636ar

TODOROV, Tzvetan, *Face à l'extrême*, Paris, Le Seuil, 1994.

Table des matières

Imprimé en UE